Titelrezept

Marinierter Spargel

Einfach

4 Portionen

Zubereitungszeit: 30 Minuten, ohne Marinierzeit

Pro Portion: E: 4 g, F: 10 g, Kh: 5 g, kJ: 544, kcal: 130

Tipp:

Den marinierten Spargel mit frischem Bauernbrot oder kleinen Butterkartoffeln servieren.

Zutaten:

1 kg	weißer Spargel
500 ml (1/2 l)	Wasser
1 gestr. TL	Salz
1 TL	Butter
1 Prise	Zucker

Für die Marinade:

1	rote Zwiebel
1 Bund	Kerbel
2 TL	Weißweinessig oder Zitronensaft
4 EL	Spargelfond
1/2 TL	Salz
1/2 TL	Zucker
	frisch gemahlener Pfeffer
4 EL	Olivenöl

1. Den Spargel von oben nach unten schälen, darauf achten, dass die Schalen vollständig entfernt, die Köpfe aber nicht verletzt werden. Die unteren Enden abschneiden (holzige Stellen vollkommen entfernen). Spargel abspülen und abtropfen lassen.

2. Wasser mit Salz, Butter und Zucker in einem Topf zum Kochen bringen. Die Spargelstangen hinzufügen, zum Kochen bringen und zugedeckt in 8–10 Minuten bissfest oder in 12–15 Minuten weich garen. Spargel in einem Sieb abtropfen lassen und warm stellen. 4 Esslöffel von dem Spargelfond abnehmen.

3. Für die Marinade Zwiebel abziehen und in feine Würfel schneiden. Kerbel abspülen, trockentupfen und die Blättchen von den Stängeln zupfen. Blättchen fein schneiden.

4. Essig oder Zitronensaft mit Spargelfond verrühren, mit Salz, Zucker und Pfeffer abschmecken. Öl unterschlagen. Zwiebel und Kerbel unterrühren. Die Marinade über den warmen Spargel geben und den Spargel etwa 30 Minuten marinieren.

Dr. Oetker

Spargel

Dr. Oetker

Spargel

Dr. Oetker Verlag

Vorwort

Spargel – jedes Jahr zur Spargelsaison ein kulinarischer Höhepunkt.

Knackfrischer Spargel steht bei uns in jedem Jahr von Mitte April bis zum 24. Juni ganz oben auf der Speisekarte.

Liebhaber der leichten Küche schätzen die schlanken Stangen wegen ihres hohen Vitamin-, aber geringen Kaloriengehaltes.

Die weißen, grünen oder violetten Stangen sind pur oder in vielfältigen Kombinationen ein feiner Genuss.

Entscheiden Sie selbst, ob Sie Spargel in Verbindung mit Garnelen, Tafelspitz, Risotto oder einer klassischen Sauce hollandaise den Vorzug geben.

Über 45 Rezepte in diesem Buch geben Ihnen die Möglichkeit, die köstlichen Spargelstangen jeden Tag neu zu genießen.

Damit Ihnen die Rezepte gelingen, wurden sie in unserer Versuchsküche ausprobiert und leicht verständlich Schritt für Schritt beschrieben.

Ratgeber

Spargel kann man heutzutage fast während des ganzen Jahres kaufen – doch frisch geerntet von heimischen Bauern oder frisch vom Markt schmeckt er am besten.
Die traditionelle Spargelzeit in Deutschland beginnt Mitte April und endet am 24. Juni. Dann lässt man den Spargel „ins Kraut schießen" und gönnt ihm eine Ruhezeit, in der er Reservestoffe bilden kann, um auch im nächsten Jahr eine gute Ernte zu gewährleisten.

Beim Einkauf sollte man auf die Qualität der Spargelstangen achten. Gerade gewachsene Stangen mit festen, geschlossenen Köpfen und hellen, frischen Schnittflächen zeugen von einer sehr guten und frischen Ware. Die Stangen dürfen keine braunen Stellen aufweisen und die äußere Haut darf nicht trocken sein. Spargel sollte möglichst an dem Tag gegessen werden, an dem er gestochen wurde oder wenigstens am Tag des Einkaufs. Kann der Spargel nicht gleich verarbeitet werden, hält er sich in feuchte Tücher eingeschlagen im Gemüsefach des Kühlschranks oder an einem anderen kühlen Ort 2–3 Tage.

Weißer, grüner und wilder Spargel sind die drei Arten, welche in Deutschland am bekanntesten sind.

Der weiße Spargel hat dicke Stangen, ist fest im Fleisch und von fein-mildem, aromatischem Geschmack. Bei uns bevorzugt man den weißen Spargel mit weißen Köpfen, der in aufgeworfenen Erddämmen vor der Sonne geschützt angebaut wird. In Frankreich und Italien weiß man die weißen Stangen mit violetten und grünen Köpfen, welche würziger im Geschmack sind, zu schätzen. Diese Färbungen erhält der Spargel, wenn er kurze Zeit der Sonne ausgesetzt war.

Der grüne Spargel gewinnt auch bei auch bei uns immer mehr an Bedeutung, da er weniger aufwändig im Anbau ist und einen intensiveren Geschmack hat. Er wird auf ebenerdigen Beeten unter voller Lichteinwirkung angebaut. Beim Kauf sollte er eine maigrüne Farbe haben und knackig frisch sein.

Der wilde Spargel, auch Ähren- oder Thaispargel genannt, hat sehr dünne und tiefgrüne Stangen, die sich durch einen angenehmen, leicht bitteren Geschmack auszeichnen.

Tipps zur Vor- und Zubereitung:

Achten Sie beim Kauf darauf, dass Sie frischen knackigen Spargel bekommen.

Zum Schälen des Spargels benutzen Sie am besten einen Sparschäler.

Weißen Spargel schälen Sie dünn von oben nach unten und achten Sie darauf, dass die Schalen vollständig entfernt, die Köpfe aber nicht verletzt werden, die unteren Enden schneiden Sie ab. Holzige Stellen sollten vollkommen entfernt werden.

Beim grünen Spargel brauchen Sie nur das untere Drittel der Stangen dünn zu schälen und die holzigen Spargelenden abschneiden.

Wilder Spargel braucht nicht geschält werden, Sie sollten jedoch die unteren Enden abschneiden.

Zum Garen von Spargel gibt es Töpfe mit Dampfeinsätzen, in denen die Stangen stehend oder liegend in wenig Wasser gegart werden. Der Spargel behält seinen Geschmack besonders gut, wenn Sie ihn in einem Spargelsud garen. Diesen können Sie aus den gewaschenen Schalen und Enden selbst herstellen. Bringen Sie die Schalen in einem Topf mit Wasser, Salz, Zucker und etwas Butter zum Kochen. Lassen Sie das Ganze 15–20 Minuten zugedeckt kochen. Anschließend gießen Sie die Schalen ab und fangen den Spargelsud auf.
Geben Sie den Spargel in den kochenden Spargelsud oder in kochendes Salzwasser (500 g Spargel in etwa 250 ml [1/4 l] Wasser, 1 gestr. Teelöffel Salz, 1/2 gestr. Teelöffel Zucker und etwas Butter) und garen ihn zugedeckt.

Die Garzeit für weißen Spargel beträgt 8–12 Minuten, je nach Dicke der Stangen, grüner Spargel ist in 7–10 Minuten gar, Wild- oder Thaispargel benötigt etwa 7 Minuten.

Wir gehen bei den Angaben für die Garzeiten davon aus, dass Sie frischen Spargel verarbeiten, der nach der Zubereitung noch bissfest ist. Mögen Sie Spargel etwas weicher, machen Sie nach den angegebenen Garzeiten eine Garprobe und verlängern Sie evtl. die Garzeiten entsprechend Ihren Vorstellungen.

Wenn Sie die einheimische Spargelsaison verlängern möchten, können Sie den Spargel auch einfrieren. Dann den geschälten, abgespülten und abgetropften Spargel in gefriergeeigneten Gefäßen einfrieren. Zum Verarbeiten können Sie den gefrorenen Spargel direkt ins kochende Wasser geben.

Zu den Rezepten

Abkürzungen

EL = Esslöffel
TL = Teelöffel
Msp. = Messerspitze
Pck. = Packung/Päckchen
g = Gramm
kg = Kilogramm
ml = Milliliter
Min. =Minuten
Std. = Stunden
l = Liter
evtl. = eventuell
geh. = gehäuft
gestr. = gestrichen
TK = Tiefkühlprodukt
°C = Grad Celsius
Ø = Durchmesser

Nährwerte

E = Eiweiß
F = Fett
Kh = Kohlenhydrate
kcal = Kilokalorien
kJ = Kilojoule

Hinweise zu den Rezepten

Lesen Sie vor der Zubereitung – besser noch vor dem Einkauf – das Rezept einmal vollständig durch. Oft werden Arbeitsabläufe oder -zusammenhänge dann klarer. Die in den Rezepten angegebenen Gartemperaturen und -zeiten sind Richtwerte, die je nach individueller Hitzeleistung des Backofens über- oder unterschritten werden können. Beachten Sie die Gebrauchsanweisung des Herstellers.
Backbleche bzw. Roste werden, wenn nicht anders angegeben, in der Mitte des Backofens eingeschoben.

Zubereitungszeiten

Die Zubereitungszeit ist ein Anhaltswert für die Zeit der Vorbereitung und die eigentliche Zubereitung, die Garzeiten sind, in der Regel, gesondert ausgewiesen. Längere Wartezeiten wie Kühl- und Auftauzeiten sind nicht einbezogen.

Suppen & Salate

Bekömmlich & vitaminreich

Samtige und klare Spargelsuppen,
fruchtig und pikant angemachte Salate –
sind belebend und erfrischend nicht nur an warmen Tagen.

Suppen & Salate

6 Portionen

Zubereitungszeit:
etwa 45 Minuten

Pro Portion: E: 7 g, F: 21 g, Kh: 11 g, kJ: 1108, kcal: 265

Tipp:
Nach Belieben zusätzlich 50 g gekochten Schinken in Streifen schneiden und mit den Spargelstücken in der Suppe erhitzen.

Spargelcremesuppe

Vegetarisch

Zutaten:

500 g	weißer Spargel
1 l	Wasser
1 TL	Salz
1 Prise	Zucker
60 g	Butter
etwa	
300 ml	Milch
30 g	Weizenmehl
	frisch gemahlener weißer Pfeffer
	frisch geriebene Muskatnuss
2	Eigelb (Größe M)
3 EL	Schlagsahne
1–2 EL	gehackte Petersilie

1. Den Spargel von oben nach unten schälen, darauf achten, dass die Schalen vollständig entfernt, die Köpfe aber nicht verletzt werden. Die unteren Enden abschneiden (holzige Stellen vollkommen entfernen). Spargelschalen, -enden und -stangen abspülen und abtropfen lassen. Spargelstangen in etwa 3 cm lange Stücke schneiden.

2. Wasser mit Salz, Zucker und 20 g von der Butter in einen Topf geben. Spargelenden und -schalen hinzufügen, zum Kochen bringen und zugedeckt etwa 15 Minuten köcheln lassen. Anschließend in ein Sieb abgießen, dabei den Spargelfond auffangen.

3. Spargelfond wieder zum Kochen bringen. Spargelstücke hinzufügen, zum Kochen bringen und die Spargelstücke zugedeckt 10–12 Minuten kochen.

4. Die Spargelstücke dann zum Abtropfen in ein Sieb geben, dabei den Spargelfond wieder auffangen und mit Milch auf 1 l auffüllen.

5. Die restliche Butter in einem Topf zerlassen. Mehl unter Rühren darin erhitzen, bis es hellgelb ist. Die abgemessene Flüssigkeit hinzugießen und mit einem Schneebesen kräftig rühren, dabei darauf achten, dass keine Klümpchen entstehen.

6. Die Suppe zum Kochen bringen, die Spargelstücke ohne Spargelspitzen hinzufügen und bei schwacher Hitze etwa 5 Minuten ohne Deckel köcheln lassen, dabei gelegentlich umrühren.

7. Die Suppe pürieren, mit Salz, Zucker, Pfeffer und Muskatnuss abschmecken. Eigelb mit Sahne verschlagen und vorsichtig unter die Suppe rühren (abziehen), die Suppe aber nicht mehr kochen lassen. Die Spargelspitzen in die Suppe geben und erwärmen. Die Suppe mit Petersilie bestreut servieren.

4–6 Portionen

Zubereitungzeit:
etwa 60 Minuten

Pro Portion: E: 7 g, F: 9 g,
Kh: 23 g, kJ: 846, kcal: 202

Tipp:
150 g Schlagsahne unter den Eintopf rühren.

Spargeleintopf
Vegetarisch

Zutaten:

800 g	weißer Spargel
300 g	grüner Spargel
2 l	Wasser
1 TL	Zucker
2 TL	Salz
	frisch gemahlener Pfeffer
2	Zwiebeln
2	Knoblauchzehen
50 g	frischer Ingwer
50 g	Butter
500 g	neue Kartoffeln
250 g	Möhren
1	kleiner Kohlrabi
100 g	Zuckerschoten
1 Bund	Petersilie

1. Den weißen Spargel von oben nach unten schälen, darauf achten, dass die Schalen vollständig entfernt, die Köpfe aber nicht verletzt werden. Die unteren Enden abschneiden (holzige Stellen vollkommen entfernen). Vom grünen Spargel das untere Drittel schälen, die unteren Enden abschneiden. Spargelstangen, -schalen und -enden waschen und abtropfen lassen.

2. Spargelschalen und -enden in einem Topf mit Wasser, Zucker, Salz und Pfeffer zum Kochen bringen und zugedeckt etwa 15 Minuten leicht kochen lassen. Anschließend durch ein Sieb geben und dabei den Spargelfond auffangen.

3. Zwiebeln und Knoblauch abziehen und in kleine Würfel schneiden. Ingwer schälen und ebenfalls in kleine Würfel schneiden. Butter in einem großen Topf zerlassen. Zwiebel-, Knoblauch- und Ingwerwürfel darin andünsten. Spargelfond hinzugießen und zum Kochen bringen. Kartoffeln schälen, abspülen, abtropfen lassen und in kleine Würfel schneiden. Kartoffelwürfel im Spargelfond etwa 5 Minuten leicht kochen lassen.

4. Möhren putzen, schälen, abspülen, abtropfen lassen und in Scheiben schneiden. Kohlrabi schälen, abspülen, abtropfen lassen und zuerst in Scheiben, dann in Würfel schneiden. Den weißen Spargel in 2–3 cm große Stücke schneiden. Möhrenscheiben, Kohlrabiwürfel und weiße Spargelstücke zum Spargelfond geben und zugedeckt etwa 10 Minuten kochen lassen.

5. Den grünen Spargel ebenfalls in 2–3 cm große Stücke schneiden und hinzufügen. Den Eintopf zugedeckt weitere etwa 5 Minuten kochen lassen.

6. Von den Zuckerschoten die Enden abschneiden, die Schoten evtl. abfädeln. Die Schoten waschen, abtropfen lassen und halbieren. Zuckerschoten zum Eintopf geben und etwa 1 Minute mitkochen lassen. Den Eintopf mit Salz und Pfeffer abschmecken.

7. Petersilie abspülen und trockentupfen. Die Blättchen von den Stängeln zupfen. Blättchen fein hacken. Den Eintopf mit Petersilie bestreut servieren.

Grüne Spargelschaumsuppe (Foto)

Gut vorzubereiten

4 Portionen

Zubereitungszeit: 40 Minuten

Pro Portion: E: 8 g, F: 17 g, Kh: 9 g, kJ: 938, kcal: 224

Tipp:

Zusätzlich können Sie geröstete Weißbrotwürfel zu der Suppe reichen. Suppe mit Kerbel garnieren.

Zutaten:

600 g	grüner Spargel
1 l	Wasser
200 g	neue geschälte, grob geraspelte Kartoffeln
80 g	eiskalte Butter
	Salz
	frisch gemahlener Pfeffer
12	Garnelen ohne Schale

1. Vom Spargel das untere Drittel schälen, Enden abschneiden. Spargel und Schalen waschen, abtropfen lassen. Die Schalen mit Wasser zum Kochen bringen, zugedeckt etwa 15 Minuten kochen lassen. Schalen in einem Sieb abtropfen lassen, den Spargelfond auffangen.

2. Die Spargelstangen in feine Scheiben schneiden. Spargelfond wieder zum Kochen bringen. Die Spargelscheiben hinzufügen und zugedeckt etwa 5 Minuten köcheln lassen.

3. Kartoffelraspel hinzufügen und etwa 10 Minuten mitkochen. Die Suppe von der Kochstelle nehmen und fein pürieren. Butter in Stückchen hinzugeben. Suppe nochmals kurz pürieren, mit Salz und Pfeffer würzen.

4. Garnelen evtl. entdarmen, unter fließendem kalten Wasser abspülen, trockentupfen, in die heiße Suppe geben und kurz miterhitzen.

Schaumsüppchen mit Kräutern

Beliebt

4 Portionen

Zubereitungszeit: 60 Minuten

Pro Portion: E: 3 g, F: 19 g, Kh: 5 g, kJ: 876, kcal: 210

Zutaten:

500 g	weißer Spargel
800 ml	Wasser
1 TL	Salz
1 Prise	Zucker
einige Spritzer	Zitronensaft
1 TL	Butter
2 TL	Weizenmehl
125 g	Schlagsahne
2 EL	kalte Butter
3 EL	gemischte, gehackte Frühlingskräuter, z. B. Kerbel, Petersilie, Basilikum

1. Spargel von oben nach unten schälen, darauf achten, dass die Schalen vollständig entfernt, die Köpfe aber nicht verletzt werden. Enden abschneiden. Spargel in etwa 1 cm lange Stücke schneiden, abspülen und abtropfen lassen.

2. Schalen und Enden waschen und mit Wasser, Salz, Zucker und Zitronensaft zum Kochen bringen, zugedeckt etwa 15 Minuten leicht kochen lassen. Durch ein feines Sieb passieren, dabei den Fond auffangen und wieder zum Kochen bringen. Spargelstücke hinzufügen, wieder zum Kochen bringen, in 8–10 Minuten bissfest kochen.

3. Die Spargelstücke mit einen Schaumlöffel herausnehmen, abtropfen lassen und warm stellen. Butter mit Mehl verkneten und in die kochende Suppe einrühren. Suppe pürieren, etwa 10 Minuten köcheln lassen und mit Salz, Pfeffer und Zitronensaft abschmecken. Sahne unterrühren und miterwärmen.

4. Die Spargelstücke auf 4 vorgewärmten tiefen Tellern verteilen. Die kalte Butter in die Suppe geben, nochmals pürieren und in die vorbereiteten Teller gießen. Die Suppe mit den Kräutern bestreuen und servieren.

Spargelbrühe mit Erbsen (Foto)

Kalorienarm

4 Portionen

Zubereitungszeit: 60 Minuten

Pro Portion: E: 3 g, F: 0 g, Kh: 5 g, kJ: 163, kcal: 39

Tipp:
Für besondere Anlässe die Spargelbrühe mit Krebsschwanzfleisch servieren. Damit die Brühe möglichst klar bleib, keine Butter zum Kochen der Brühe benutzen.

Zutaten:

500 g	weißer Spargel
1 1/4 l	Wasser
1 gestr. TL	Salz
1 Prise	Zucker
100 g	frisch gepalte Erbsen oder TK-Erbsen
3	Estragonstängel

1. Den Spargel von oben nach unten schälen, darauf achten, dass die Schalen vollständig entfernt, die Köpfe aber nicht verletzt werden. Die unteren Enden abschneiden (holzige Stellen vollkommen entfernen). Spargelstangen in etwa 2 cm lange Stücke schneiden, abspülen und abtropfen lassen.

2. Spargelschalen und -enden waschen, mit Wasser, Salz und Zucker in einem breiten Topf zum Kochen bringen, zugedeckt etwa 15 Minuten köcheln lassen. Dann durch ein Sieb gießen, dabei die Spargelbrühe auffangen.

3. Die Brühe wieder zum Kochen bringen. Spargelstücke hinzufügen, wieder zum Kochen bringen und zugedeckt in 8–10 Minuten bissfest kochen. Die frischen Erbsen für etwa 3 Minuten, TK-Erbsen für etwa 5 Minuten mitkochen.

4. Estragon abspülen, trockentupfen, die Blättchen von den Stängeln zupfen. Einige Blättchen zum Garnieren beiseite legen, die restlichen fein schneiden und in die Brühe geben. Die Spargelbrühe mit Salz abschmecken und mit den beiseite gelegten Estragonblättchen garnieren.

Spargel-Reis-Suppe

Preiswert

4 Portionen

Zubereitungszeit: 50 Minuten

Pro Portion: E: 5 g, F: 5 g, Kh: 31 g, kJ: 791, kcal: 189

Tipp:
Wer die Hühnerbrühe selbst zubereitet, kann etwas Hühnerfleisch in kleine Stücke schneiden und in die Suppe geben.

Zutaten:

500 g	weißer Spargel
250 ml (1/4 l)	Wasser
1 Prise	Salz
1 Prise	Zucker
125 g	Langkornreis
250 ml (1/4 l)	Salzwasser
1 EL	Butter
20 g	Weizenmehl
750 ml (3/4 l)	Hühnerbrühe
	Pfeffer, Salz
	frisch geriebene Muskatnuss
einige Spritzer	Zitronensaft

1. Den Spargel wie im oben stehenden Rezept unter Punkt 1–3 beschrieben zubereiten.

2. Langkornreis mit dem Salzwasser in einen Topf geben, zum Kochen bringen und bei schwacher Hitze in etwa 20 Minuten ausquellen lassen. Den garen Reis in ein Sieb geben, mit kaltem Wasser übergießen und abtropfen lassen.

3. Die Butter in einem Topf zerlassen. Mehl unter Rühren darin erhitzen, bis es hellgelb ist. Hühnerbrühe hinzugießen und mit einem Schneebesen kräftig rühren, dabei darauf achten, dass keine Klümpchen entstehen. Suppe zum Kochen bringen und bei schwacher Hitze etwa 5 Minuten köcheln lassen.

4. Spargelbrühe mit den Spargelstücken unterrühren. Reis ebenfalls in die Suppe geben und nochmals kurz erwärmen. Suppe mit Pfeffer, Salz, Muskatnuss und Zitronensaft abschmecken.

Senner Spargelsuppe (Foto)

Einfach

4 Portionen

Zubereitungszeit: 45 Minuten

Pro Portion: E: 6 g, F: 16 g, Kh: 17 g, kJ: 1006, kcal: 241

Zutaten:

1 kg	weißer Spargel
1 l	Wasser
1 EL	Zucker
1 TL	Salz
1 EL	Zitronensaft
250 g	neue Kartoffeln
60 g	eiskalte Butter
150 g	Crème légère
	frisch gemahlener weißer Pfeffer

1. Den Spargel von oben nach unten schälen, darauf achten, dass die Schalen vollständig entfernt, die Köpfe aber nicht verletzt werden. Die unteren Enden abschneiden (holzige Stellen vollkommen entfernen). Spargelstangen, -enden und -schalen abspülen und abtropfen lassen.

2. Spargelenden und -schalen in einem Topf mit Wasser, Zucker, Salz und Zitronensaft zum Kochen bringen, etwa 20 Minuten zugedeckt leicht kochen lassen.

3. Kartoffeln waschen, schälen, abspülen, trockentupfen und grob raspeln. Spargelenden und -schalen in ein Sieb abgießen, dabei den Fond auffangen. Spargelstangen in kleine Stücke schneiden, mit dem Spargelfond in einen Topf geben und zum Kochen bringen.

4. Kartoffelraspel hinzufügen. Die Suppe zugedeckt etwa 12 Minuten köcheln lassen. Den Topf von der Kochstelle nehmen. Die Suppe fein pürieren. Die eiskalte Butter hinzufügen. Suppe nochmals pürieren. Crème légère unterrühren. Die Suppe mit Salz, Pfeffer und Zitronensaft abschmecken.

Spargel-Kerbel-Suppe

Gut vorzubereiten

4 Portionen

Zubereitungszeit: 30 Minuten

Pro Portion: E: 8 g, F: 19 g, Kh: 9 g, kJ: 1002, kcal: 241

Tipp:
Sie können die Suppe auch mit etwas Weißwein abschmecken.

Zutaten:

750 g	weißer Spargel
250 g	Champignons
1 Bund	Suppengrün (Möhre, Sellerie, Porree)
3	Frühlingszwiebeln
3 EL	Butter
750 ml (3/4 l)	Gemüsebrühe
3 EL	Crème fraîche
2 EL	gehackte Kerbelblättchen

1. Den Spargel von oben nach unten schälen, darauf achten, dass die Schalen vollständig entfernt, die Köpfe aber nicht verletzt werden. Enden abschneiden (holzige Stellen vollkommen entfernen). Spargel abspülen, abtropfen lassen und in etwa 3 cm lange Stücke schneiden.

2. Champignons putzen, mit Küchenpapier abreiben, evtl. abspülen, gut abtropfen lassen und in Scheiben schneiden. Suppengrün und Frühlingszwiebeln putzen, waschen, abtropfen lassen und in feine etwa 3 cm lange Streifen schneiden.

3. Butter in einem Topf zerlassen. Gemüsestreifen darin andünsten. Brühe hinzugießen und zum Kochen bringen. Spargelstückchen hinzufügen, wieder zum Kochen bringen und etwa 5 Minuten köcheln lassen.

4. Champignonscheiben hinzufügen und die Suppe weitere etwa 5 Minuten köcheln lassen. Crème fraîche unterrühren. Die Suppe mit Kerbel bestreut servieren.

Kalte Spargel-Melonen-Suppe mit weißem Portwein

Mit Alkohol

4 Portionen

Zubereitung: 45 Minuten, ohne Kühlzeit

Pro Portion: E: 2 g, F: 0 g, Kh: 49 g, kJ: 978, kcal: 235

Tipp:
Für den Geschmack sind reife Melonen sehr wichtig. Wem die Suppe zu dicklich ist, der kann noch etwas vom kalten Spargelfond unterrühren.

Zutaten:

500 g	grüner Spargel
375 ml (3/8 l)	Wasser
1 gestr. TL	Salz
2	reife Galia-Melonen
2 cl	weißer Portwein
1–2 TL	Limettensaft
evtl. etwas	Zucker oder Honig
einige	Kerbelstängel zum Garnieren
	grob gemahlener Pfeffer

1. Vom Spargel das untere Drittel schälen, die Enden abschneiden. Spargel abspülen und abtropfen lassen. Wasser mit Salz in einem Topf zum Kochen bringen. Spargel hinzufügen, zum Kochen bringen und zugedeckt in etwa 5 Minuten bissfest garen. Dann mit kaltem Wasser abschrecken und abtropfen lassen. Die Spargelstangen in kleine Stücke schneiden, Spargelspitzen beiseite legen.

2. Die Melonen halbieren, entkernen und mit einem Esslöffel das Fruchtfleisch herauslösen. Die Hälften kalt stellen. Melonenfruchtfleisch und Spargelstücke mit Portwein und Limettensaft fein pürieren. Die Suppe evtl. mit Zucker oder Honig süßen, etwa 1 Stunde kalt stellen.

3. Die gut gekühlte Suppe mit Salz und Pfeffer abschmecken und in die Melonenhälften gießen. Kerbel abspülen, trockentupfen und in kleinere Stängel zupfen. Die Spargelspitzen auf den Suppen verteilen. Die Spargel-Melonen-Suppe mit grob gemahlenem Pfeffer bestreuen und mit Kerbel garnieren.

Schnelles Spargelsüppchen

Kalorienarm

4 Portionen

Zubereitungszeit: 30 Minuten

Pro Portion: E: 5 g, F: 10 g, Kh: 6 g, kJ: 588, kcal: 141

Tipp:
Die Suppe mit einem Esslöffel gerösteten, gehobelten Mandeln und Schnittlauchröllchen bestreuen.

Zutaten:

750 g	grüner Spargel
750 ml (3/4 l)	Gemüse- oder Hühnerbrühe
100 g	Schlagsahne
	Salz
	Pfeffer
	Zucker
	frisch geriebene Muskatnuss

1. Von dem Spargel nur das untere Drittel schälen und die Enden abschneiden. Spargel abspülen, abtropfen lassen und in kleine Stücke schneiden.

2. Brühe in einem Topf zum Kochen bringen. Spargelstücke hinzugeben, wieder zum Kochen bringen und zugedeckt in etwa 10 Minuten weich kochen. Suppe pürieren. Sahne unterrühren. Die Suppe mit Salz, Pfeffer, Zucker und Muskat abschmecken.

4 Portionen

Zubereitungszeit: 60 Minuten
Backzeit: 10–15 Minuten

Pro Portion: E: 9 g, F: 20 g, Kh: 13 g, kJ: 1111, kcal: 266

Tipp:
Sie können die Brandteigklößchen einfrieren oder in einer gut schließenden Dose etwa 14 Tage aufbewahren.

Bunte Spargelcremesuppe

Raffiniert

Zutaten:

Für die Brandteigklößchen:

125 ml (1/8 l)	Milch
1 Prise	Salz
60 g	Butter oder Margarine
100 g	Weizenmehl
2–3	Eier (Größe M)

Für die Suppe:

700 g	weißer Spargel
150 g	grüner Spargel
150 g	Thai- oder Wildspargel
250 ml (1/4 l)	Geflügel- oder Rinderbrühe
125 g	Schlagsahne
2	Eigelb (Größe M)
	Salz
	frisch gemahlener Pfeffer
	Zucker

Zum Garnieren:

einige	Kerbelblättchen

1. Für den Teig Milch mit Salz und Butter oder Margarine am besten in einem Stieltopf zum Kochen bringen.

2. Mehl sieben, auf einmal in die von der Kochstelle genommene Flüssigkeit schütten, zu einem glatten Kloß rühren und unter Rühren etwa 1 Minute erhitzen.

3. Den heißen Kloß sofort in eine Rührschüssel geben. Nach und nach Eier mit Handrührgerät mit Knethaken auf höchster Stufe unterarbeiten. Die Eiermenge hängt von der Beschaffenheit des Teiges ab, er muss stark glänzen und so von einem Löffel abreißen, dass lange Spitzen hängen bleiben.

4. Den Teig in einen Spritzbeutel mit Lochtülle füllen und kleine Häufchen auf ein Backblech (gefettet, bemehlt) spritzen. Das Backblech in den vorgeheizten Backofen schieben.

Ober-/Unterhitze: 200–220 °C
Heißluft: 180–200 °C
Backzeit: 10–15 Minuten.

5. Für die Suppe den weißen Spargel von oben nach unten schälen, darauf achten, dass die Schalen vollständig entfernt, die Köpfe aber nicht verletzt werden. Enden abschneiden (holzige Stellen vollkommen entfernen). Vom grünen Spargel das untere Drittel schälen und die Enden abschneiden. Den Spargel in Stücke schneiden. Vom Thaispargel die unteren Enden abschneiden. Thaispargel in Stücke schneiden, abspülen, abtropfen lassen.

6. Brühe in einem Topf zum Kochen bringen. Die weißen Spargelstücke hinzugeben, wieder zum Kochen bringen und etwa 5 Minuten kochen lassen. Dann die grünen Spargelstücke hinzufügen und weitere etwa 5 Minuten kochen lassen. Thaispargel hinzufügen und weitere 3–5 Minuten mitkochen lassen.

7. Spargelstücke mit einer Schaumkelle aus dem Sud nehmen. Von den weißen Spargelstücken die Spargelspitzen abschneiden, zusammen mit den grünen Spargel- und Thaispargelstücken beiseite legen. Die weißen Spargelstücke wieder in die Brühe geben und fein pürieren.

8. Sahne und Eigelb in die Suppe geben und cremig aufschlagen (nicht mehr kochen lassen). Suppe mit Salz, Pfeffer und Zucker abschmecken. Die beiseite gelegten Spargelspitzen und -stücke hinzugeben und kurz erwärmen.

9. Zum Garnieren Kerbel abspülen und trockentupfen. Die Suppe in Teller füllen. Je 3 Brandteigklößchen in die Suppe geben und mit Kerbelblättchen garniert sofort servieren.

4 Portionen

Zubereitung: 50 Minuten

Pro Portion: E: 6 g, F: 25 g, Kh: 18 g, kJ: 1383, kcal: 332

Tipp:
Zum Servieren den Salat mit Dillstängeln garnieren.

Rucola-Spargel-Salat mit Croûtons

Einfach

(Foto)

Zutaten:

500 g	weißer Spargel
250 ml (1/4 l)	Wasser
1 TL	Salz
1 Prise	Zucker
1 TL	Butter
150 g	Cocktailtomaten
100 g	Rucola (Rauke)

Für die Salatsauce:

150 g	Naturjoghurt (1,5 % Fett)
1 Becher (150 g)	Crème fraîche
2 EL	Zitronensaft
	Salz, Pfeffer
1/2 gestr. TL	Zucker
1 EL	gehackte Dillspitzen
1 EL	gehackte Petersilienblättchen

Für die Croûtons:

4 Scheiben	Toastbrot
60 g	Butter

1. Den weißen Spargel von oben nach unten schälen, darauf achten, dass die Schalen vollständig entfernt, die Köpfe aber nicht verletzt werden. Die unteren Enden abschneiden (holzige Stellen vollkommen entfernen).

2. Spargel abspülen, abtropfen lassen und in etwa 3 cm lange Stücke schneiden. Wasser mit Salz, Zucker und Butter in einem Topf zum Kochen bringen. Spargelstücke hinzufügen, wieder zum Kochen bringen und je nach Spargeldicke in 8–10 Minuten bissfest garen.

3. Die Spargelstücke ein Sieb abgießen, dabei den Spargelfond auffangen. Cocktailtomaten waschen, abtrocknen, vierteln und die Stängelansätze herausschneiden.

4. Rucola verlesen, dicke Stängel abschneiden, Rucola waschen, gut abtropfen lassen oder trockenschleudern und etwas kleiner zupfen.

5. Für die Salatsauce Joghurt mit 4 Esslöffeln des aufgefangenem Spargelfonds, Crème fraîche, Zitronensaft, Salz, Pfeffer, Zucker, Dill und Petersilie verrühren.

6. Für die Croûtons Toastbrot entrinden und klein würfeln. Butter in einer Pfanne zerlassen, die Toastbrotwürfel darin goldgelb rösten.

7. Rucola, Spargel- und Tomatenstücke auf Tellern anrichten, mit Sauce beträufeln und mit Croûtons bestreuen.

4 Portionen

Zubereitungszeit: 50 Minuten

Pro Portion: E: 8 g, F: 25 g, Kh: 32 g, kJ: 1636, kcal: 391

Tipp:
Schneiden Sie 50 g Frühstücksspeck in kleine Würfel und braten Sie diese in einer Pfanne knusprig. Speckwürfel kurz vorm Servieren auf dem Salat verteilen.

Spargel-Kartoffel-Salat (Foto Seite 8)

Für Gäste

Zutaten:

750 g	kleine neue Kartoffeln
800 g	weißer Spargel
250 ml (1/4 l)	Wasser
1 TL	Salz
1 TL	Butter
1 Prise	Zucker
100 g	Zuckerschoten

1. Kartoffeln waschen, mit Wasser bedeckt zum Kochen bringen und in etwa 15 Minuten gar kochen. Kartoffeln abgießen, mit kaltem Wasser abschrecken, abtropfen lassen, heiß pellen und in Scheiben schneiden. Den Spargel wie im oben stehenden Rezept unter Punkt 1 und 2 beschrieben zubereiten.

2. Von den Zuckerschoten die Enden abschneiden. Schoten abfädeln, waschen, abtropfen lassen und etwa 1 Minute vor Beendigung der Garzeit vom Spargel zu den Spargelstücken geben. Zuckerschoten und Spargelstücke gut abtropfen lassen.

(Fortsetzung Seite 26)

2 EL	Weißweinessig
180 ml	heiße Fleischbrühe
	frisch gemahlener Pfeffer
1 Topf	Kerbel
½ TL	scharfer Senf
1–2 EL	Zitronensaft
100 ml	Olivenöl
einige	Cocktailtomaten

3. Essig mit Brühe und Pfeffer verrühren, zu den noch warmen Zuckerschoten und Spargelstücken geben und unterrühren. Kerbel abspülen, trockentupfen und einige Stängel zum Garnieren beiseite legen. Von den restlichen Stängeln die Blättchen abzupfen. Blättchen mit Salz, Pfeffer, Senf, Zitronensaft und Olivenöl in einen Rührbecher geben und fein pürieren.

4. Die Kerbelsauce zu den vorbereiteten Salatzutaten geben und vorsichtig untermischen. Tomaten waschen, trockentupfen, vierteln, entkernen und die Stängelansätze herausschneiden. Den Spargel-Kartoffel-Salat mit den beiseite gelegten Kerbelblättchen und Tomatenvierteln garniert servieren.

Spargelsalat mit Garnelen

Raffiniert

4 Portionen

Zubereitungszeit: 35 Minuten

Pro Portion: E: 12 g, F: 10 g, Kh: 8 g, kJ: 745, kcal: 178

Zutaten:

500 g	weißer Spargel
250 g	grüner Spargel
375 ml (3/8 l)	Wasser
1 TL	Salz
1 Prise	Zucker
1 TL	Butter
100 g	Zuckerschoten
	Salzwasser
250 g	Salatmischung, z.B. Feldsalat, Eichblattsalat
12	vorgegarte Garnelen (etwa 145 g)

Für das Dressing:

2	Knoblauchzehen
3 EL	Limettensaft
1 EL	Sojasauce
	Salz, Pfeffer
2 TL	Sesamöl
3 EL	Sonnenblumenöl

1. Den weißen Spargel von oben nach unten schälen, darauf achten, dass die Schalen vollständig entfernt, die Köpfe aber nicht verletzt werden. Enden abschneiden. Von dem grünen Spargel nur das untere Drittel schälen und die Enden abschneiden. Spargel abspülen, abtropfen lassen und in 3–5 cm lange Stücke schneiden.

2. Wasser mit Salz, Zucker und Butter zum Kochen bringen. Die weißen Spargelstücke hinzufügen, zum Kochen bringen und zugedeckt in 8–10 Minuten bissfest kochen. Anschließend mit einer Schaumkelle herausnehmen.

3. Die grünen Spargelstücke in den Spargelfond geben, wieder zum Kochen bringen und in etwa 5 Minuten bissfest kochen. Die Spargelstücke ebenfalls mit einem Schaumlöffel herausnehmen und in einem Sieb abtropfen lassen.

4. Von den Zuckerschoten die Enden abschneiden, die Schoten evtl. abfädeln. Zuckerschoten waschen, abtropfen lassen und halbieren. Spargelfond wieder zum Kochen bringen und die Zuckerschoten darin etwa 2 Minuten kochen. Die Zuckerschoten in ein Sieb geben, mit kaltem Wasser abschrecken und abtropfen lassen.

5. Salat putzen, waschen, trockenschleudern und in mundgerechte Stücke schneiden. Salat, Spargel, Zuckerschoten und Garnelen dekorativ auf Tellern anrichten.

6. Für das Dressing Knoblauch abziehen und fein würfeln. Limettensaft mit Sojasauce und Salz und Pfeffer verrühren. Öl unterschlagen, die Knoblauchzehen unterrühren. Salat mit dem Dressing beträufeln.

Tipp:

Den Salat mit Mini-Limetten-Scheiben oder geviertelten Limettenscheiben garnieren.

Suppen & Salate

4 Portionen

Zubereitungszeit: 45 Minuten

Pro Portion: E: 5 g, F: 8 g, Kh: 15 g, kJ: 659, kcal: 158

Spargelsalat von grünem und weißem Spargel

Für Gäste

Zutaten:

600 g	weißer Spargel
400 g	grüner Spargel
375 ml (3/8 l)	Wasser
1 gestr. TL	Salz
1	gelbe Paprikaschote
2	Schalotten
1 Bund	Dill
1 EL	flüssiger Akazienhonig
3 EL	Keimöl
	Salz
	frisch gemahlener Pfeffer
2	kleine Galia-Melonen
2 EL	Limettensaft

1. Den weißen Spargel von oben nach unten schälen, darauf achten, dass die Schalen vollständig entfernt, die Köpfe aber nicht verletzt werden. Die unteren Enden abschneiden (holzige Stellen vollkommen entfernen). Von dem grünen Spargel nur das untere Drittel schälen und die Enden abschneiden. Spargel in etwa 2 cm lange Stücke schneiden. Spargelstücke getrennt abspülen und abtropfen lassen.

2. Wasser mit Salz in einem Topf zum Kochen bringen. Die weißen Spargelstücke hinzufügen und zugedeckt in 8–10 Minuten bissfest kochen. Anschließend mit einer Schaumkelle herausnehmen, mit kaltem Wasser abschrecken und in einem Sieb abtropfen lassen.

3. Dann die grünen Spargelstücke in den Spargelfond geben, wieder zum Kochen bringen und zugedeckt etwa 5 Minuten kochen lassen. Die Spargelstücke ebenfalls in ein Sieb geben, mit kaltem Wasser abschrecken und abtropfen lassen.

4. Paprika halbieren, entstielen, entkernen und die weißen Scheidewände entfernen. Schote waschen, abtropfen lassen und in feine Würfel schneiden. Schalotten abziehen und ebenfalls in feine Würfel schneiden. Dill abspülen, trockentupfen, die Spitzen von den Stängeln zupfen und fein hacken.

5. Spargelstücke in eine Schüssel geben, mit Paprika-, Schalottenwürfeln, Honig und Keimöl gut vermischen, mit Salz und Pfeffer würzen. Dill unterrühren.

6. Die Melone in der Hälfte rundherum mit einem Messer im Zickzackmuster etwa 4 cm tief einstechen und auseinanderbrechen. Melonenhälften entkernen, mit einem Kugelausstecher das Fruchtfleisch herauslösen oder das Fruchtfleisch mit einem Löffel herauslösen und würfeln.

7. Melonenkugeln oder -würfel mit dem Limettensaft vermengen und vorsichtig unter den Salat heben. Den Salat in den Melonenhälften servieren.

Bamberger Spargelsalat (Foto)

Vegetarisch

4 Portionen

Zubereitungszeit: 40 Minuten

Pro Portion: E: 10 g, F: 14 g, Kh: 8 g, kJ: 805, kcal: 193

Zutaten:

750 g	grüner Spargel
750 g	weißer Spargel
500 ml (½ l)	Wasser
1 TL	Salz
20 g	Butter
etwas	Zucker
1	Zwiebel

Für die Salatsauce:

2–3 EL	Weißweinessig
	Salz
	frisch gemahlener, Pfeffer, Zucker
4 EL	Olivenöl
2–3 EL	fein gehackte Kräuter, z. B. Petersilie, Kerbel, Estragon
2	hart gekochte Eier

1. Vom grünen Spargel das untere Drittel schälen, die unteren Enden abschneiden. Den weißen Spargel von oben nach unten schälen, darauf achten, dass die Schalen vollständig entfernt, die Köpfe aber nicht verletzt werden. Die unteren Enden abschneiden (holzige Stellen vollkommen entfernen). Grünen und weißen Spargel in 3–5 cm lange Stücke schneiden, abspülen und abtropfen lassen.

2. Wasser mit Salz, Butter und Zucker zum Kochen bringen. Zuerst die weißen Spargelstücke hinzufügen, zum Kochen bringen und zugedeckt etwa 5 Minuten kochen lassen. Dann die grünen Spargelstücke hinzugeben, wieder zum Kochen bringen. Die Spargelstücke in weiteren etwa 5 Minuten bissfest kochen.

3. Spargelstücke in einem Sieb abtropfen lassen. Zwiebel abziehen und in dünne Scheiben schneiden, dann in Ringe teilen. Zwiebelringe und Spargelstücke in eine Schüssel geben.

4. Für die Sauce Essig mit Salz, Pfeffer und Zucker verrühren. Olivenöl unterschlagen. Gehackte Kräuter unterrühren. Die Spargelstücke mit der Sauce übergießen. Salat gut durchziehen lassen. Nochmals mit Salz abschmecken. Die Eier pellen, in feine Würfel schneiden und auf dem Salat verteilen.

Lauwarmer Spargelsalat

Einfach zuzubereiten

4 Portionen

Zubereitungszeit: 40 Minuten, ohne Durchziehzeit

Pro Portion: E: 3 g, F: 5 g, Kh: 13 g, kJ: 489, kcal: 117

Tipp:

Servieren Sie den Spargelsalat mit einer Orangensauce. Dafür 150 g Crème fraîche mit 3 Esslöffeln Orangensaft und 2 Teelöffeln Honig verrühren. Sauce mit Salz, Pfeffer und etwas Worcestersauce würzen.

Zutaten:

400 g	grüner Spargel
400 g	weißer Spargel
375 ml (⅜ l)	Wasser
1 gestr. TL	Salz

Für die Marinade:

6 EL	Kräuteressig
4 EL	Zucker
1 TL	Salz
2 EL	Olivenöl

1. Grünen und weißen Spargel wie im oben stehenden Rezept unter Punkt 1 und 2 beschrieben zubereiten. Dann die Spargelstücke abtropfen lassen und warm stellen.

2. Für die Marinade Essig, Zucker und Salz in einem kleinen Topf zum Kochen bringen. Den Topf von der Kochstelle nehmen und Olivenöl unterrühren. Die Spargelstücke mit der Marinade vermischen. Salat etwa 15 Minuten durchziehen lassen.

Spargel-Grapefruit-Salat mit Garnelenspießen

Fruchtig

4 Portionen

Zubereitungszeit:
etwa 40 Minuten

Pro Portion: E: 3 g, F: 13 g, Kh: 18 g, kJ: 1236, kcal: 296

Zutaten:

500 g	weißer Spargel
500 g	grüner Spargel
375 ml (3/8 l)	Wasser
1 gestr. TL	Salz
4 EL	Traubenkernöl oder Olivenöl
2 EL	Apfelessig
1 TL	flüssiger Honig
	Salz
	frisch gemahlener Pfeffer
2	rosa Grapefruits
4	Garnelenspieße (je etwa 90 g, fertig vom Fischhändler)
1–2 EL	Olivenöl
einige	Basilikumstängel

1. Den weißen Spargel von oben nach unten schälen, darauf achten, dass die Schalen vollständig entfernt, die Köpfe aber nicht verletzt werden. Die unteren Enden abschneiden (holzige Stellen vollkommen entfernen).

2. Vom grünen Spargel das untere Drittel schälen und die unteren Enden abschneiden. Spargel abspülen, abtropfen lassen und in 4–5 cm lange Stücke schneiden.

3. Wasser mit Salz in einem Topf zum Kochen bringen. Zuerst die weißen Spargelstücke hinzufügen, zum Kochen bringen und zugedeckt je nach Stangendicke in 8–10 Minuten bissfest kochen. Die Spargelstücke mit einem Schaumlöffel herausnehmen, mit kaltem Wasser abschrecken und abtropfen lassen.

4. Dann die grünen Spargelstücke hinzufügen, wieder zum Kochen bringen und zugedeckt in 3–5 Minuten bissfest garen. Die Spargelstücke ebenfalls mit einem Schaumlöffel herausnehmen, mit kaltem Wasser abschrecken und abtropfen lassen. Etwas Spargelfond beiseite stellen.

5. Öl und Apfelessig mit 2–3 Esslöffeln vom beiseite gestellten Spargelfond verrühren. Dressing mit Honig, Salz und Pfeffer abschmecken und mit den Spargelstücken vermischen.

6. Die Grapefruits so schälen, dass die weiße Haut mit entfernt wird. Grapefruits filetieren. Grapefruitfilets vorsichtig unter den Salat geben. Salat nochmals mit Salz, Pfeffer und Honig abschmecken.

7. Die Garnelenspieße unter fließendem kalten Wasser abspülen und trockentupfen, mit Salz und Pfeffer würzen. Olivenöl in einer Pfanne erhitzen und die Garnelenspieße von beiden Seiten darin braten.

8. Basilikum abspülen, trockentupfen und die Blättchen von den Stängeln zupfen. Salat in 4 Schälchen geben, mit Garnelenspießen und Basilikumblättchen garniert servieren.

Tipp:

Sie können die Garnelenspieße auch selbst zubereiten. Dazu jeweils 5 entdarmte, geschälte Garnelen auf 4 Holzspieße stecken.

Snacks & Kleinigkeiten

Für zwischendurch & den kleinen Hunger

Spargel mit Sauce hollandaise, überbacken mit Parmesan oder gebraten mit Nusskernen – mit diesen kleinen Schmeicheleien verwöhnt das königliche Gemüse jeden Gaumen.

Spargel mit dreierlei Saucen

Klassisch

4 Portionen

Zubereitungszeit: 50 Minuten, ohne Abkühlzeit

Pro Portion mit Sauce hollandaise:
E: 5 g, F: 35 , Kh: 4 g, kJ: 1481, kcal: 354

Pro Portion mit Kresse-Hollandaise:
E: 5 g, F: 35 , Kh: 4 g, kJ: 1484, kcal: 355

Pro Portion mit Maltesersauce:
E: 5 g, F: 35 g, Kh: 5 g, kJ: 1486, kcal: 356

Tipp:
Wenn Sie alle drei Saucen auf einmal zubereiten, benötigen Sie 3 kg Spargel. Dieser ist dann als Beilage für etwa 12 Portionen und als Hauptgericht für etwa 6 Portionen ausreichend. Servieren Sie zusätzlich Parma- oder Knochenschinken, in dünnen Scheiben, dazu.

Zutaten:

1 kg	weißer Spargel
500 ml (1/2 l)	Wasser
1 gestr. TL	Salz
1 TL	Butter
1 Prise	Zucker

Für die Sauce hollandaise:

150 g	Butter
2	Eigelb (Größe M)
2 EL	Weißwein
einige	Spritzer Zitronensaft
	Salz
	frisch gemahlener Pfeffer

Oder für die Kresse-Hollandaise:

	zusätzlich
1/2	Kästchen Kresse

Oder für die Maltesersauce:

150 g	Butter
2	Eigelb (M)
2 EL	Blutorangensaft
2 TL	warmes Wasser
	abgeriebene Orangenschale von
1/4	Bio-Orange (unbehandelt, ungewachst)
einige	Spritzer Zitronensaft
	Salz
	frisch gemahlener Pfeffer

1. Den Spargel von oben nach unten schälen, darauf achten, dass die Schalen vollständig entfernt, die Köpfe aber nicht verletzt werden. Die unteren Enden abschneiden (holzige Stellen vollkommen entfernen). Spargel abspülen und abtropfen lassen.

2. Wasser mit Salz, Butter und Zucker in einem Topf zum Kochen bringen. Die Spargelstangen hinzufügen, zum Kochen bringen und zugedeckt in 8–10 Minuten bissfest oder in 12–15 Minuten weich garen. Spargel in einem Sieb abtropfen lassen und warm stellen.

3. Für die Sauce hollandaise die Butter in einer kleinen Pfanne zerlassen, etwas abkühlen lassen und den Schaum abschöpfen.

4. Eigelb mit Weißwein in einer hitzebeständigen Schüssel mit einem Schneebesen verschlagen. Die Schüssel in ein heißes Wasserbad (85–90 °C, das Wasser darf nicht kochen!) setzen. Die Eigelbmasse mit dem Schneebesen zu einer dicklichen Masse aufschlagen.

5. Die Butter langsam unter die Eigelbmasse schlagen. Die Sauce mit Zitronensaft, Salz und Pfeffer abschmecken.

6. Für eine Kresse-Hollandaise zusätzlich Kresse abspülen, trockentupfen und abschneiden. Die Kresse unter die Sauce hollandaise rühren.

7. Die Sauce hollandaise oder die Kresse-Hollandaise sofort zum Spargel servieren.

8. Für eine Maltesersauce wie unter Punkt 3–5 beschrieben, eine Sauce hollandaise zubereiten, jedoch statt Weißwein den Blutorangensaft und das Wasser mit dem Eigelb verschlagen. Den Blutorangensaft vorher durch ein Sieb gießen. Die Sauce mit Salz, Pfeffer und Zitronensaft abschmecken, mit der Orangenschale bestreuen und mit dem Spargel servieren.

Hinweis: *Nur ganz frische Eier verwenden, die nicht älter als 5 Tage sind (Legedatum beachten!). Aufgeschlagene Saucen lassen sich nur kurze Zeit im Wasserbad warm halten. Nach längerem Stehen gerinnen sie. Deshalb die Saucen möglichst kurz vor dem Verzehr aufschlagen.*

Spargeltoast im Eiermantel (Foto)

Leicht

4 Portionen

Zubereitungszeit: 30 Minuten
Backzeit: etwa 15 Minuten

Pro Stück: E: 26 g, F: 27 g, Kh: 15 g, kJ: 1705, kcal: 407

Tipp:
Servieren Sie einen Tomatensalat dazu.

Zutaten:

12	dünne Stangen weißer Spargel
250 ml (1/4 l)	Wasser
1 gestr. TL	Salz
4	Scheiben Toastbrot
40 g	weiche Butter
4	Scheiben gekochter Schinken
4	Eier (Größe M)
4 EL	Schlagsahne
	Salz, Pfeffer
	geriebene Muskatnuss
60 g	geriebener Gouda-Käse

1. Den Spargel von oben nach unten schälen, darauf achten, dass die Schalen vollständig entfernt, die Köpfe aber nicht verletzt werden. Die unteren Enden abschneiden (holzige Stellen vollkommen entfernen). Spargel abspülen, abtropfen lassen und einmal quer halbieren.

2. Wasser mit Salz in einem großen Topf zum Kochen bringen. Spargelstücke hinzufügen, zum Kochen bringen und zugedeckt etwa 6 Minuten garen. Spargel in ein Sieb geben und abtropfen lassen.

3. Toastbrotscheiben in eine flache Gratin- oder Auflaufform (gefettet) geben und dick mit der Butter bestreichen. Schinken in Streifen schneiden. Erst den Spargel, dann die Schinkenstreifen auf dem Brot verteilen.

4. Eier mit Sahne verschlagen, mit Salz, Pfeffer und Muskat würzen und über die Spargeltoasts geben. Toasts mit Gouda bestreuen. Die Form auf dem Rost in den vorgeheizten Backofen schieben.

Ober-/Unterhitze: etwa 180 °C
Heißluft: etwa 160 °C
Backzeit: etwa 15 Minuten.

Spargel-Schinken-Röllchen

Einfach

24 Stück

Zubereitungszeit: 45 Minuten
Backzeit: 10–15 Minuten

Pro Stück: E: 3 g, F: 3 g, Kh: 10 g, kJ: 342, kcal: 82

Tipp:
Dazu passt eine mit etwas abgeriebener Zitronenschale (unbehandelt) und steif geschlagener Sahne verrührte Mayonnaise.

Zutaten:

12	Stangen grüner Spargel
250 ml (1/4 l)	Wasser
1 gestr. TL	Salz
1/4 TL	Zucker
1 TL	Butter
70 g	alter Gouda-Käse
50 g	Butter
12	Scheiben Parmaschinken
24	dreieckförmige Yufka-Teigblätter (türkischer Laden)
	Salz, Pfeffer

1. Vom Spargel das untere Drittel schälen, Enden abschneiden. Spargel abspülen und abtropfen lassen. Wasser mit Salz, Zucker und Butter zum Kochen bringen. Spargel hinzugeben, zum Kochen bringen und zugedeckt etwa 8 Minuten garen. Spargel mit kaltem Wasser abschrecken, abtropfen und erkalten lassen. Spargelstangen quer halbieren.

2. Käse fein raspeln. Butter zerlassen. Parmaschinken diagonal halbieren. Ein Yufka-Teigblatt mit etwas Butter bestreichen und längs zusammenklappen. Eine eine halbe Scheibe Parmaschinken darauf legen und mit Käse und Pfeffer bestreuen.

3. Ein Spargelstück auf die breite Seite des Teigblattes legen und den Teig von der breiten Seite her locker aufrollen. Restliche Röllchen nacheinander ebenso zubereiten und auf ein Backblech (mit Backpapier belegt) legen. Backblech in den vorgeheizten Backofen schieben.

Ober-/Unterhitze: etwa 200 °C
Heißluft: etwa 180 °C
Backzeit: 10–15 Minuten.

Snacks & Kleinigkeiten

Gebratener Spargel (Foto)

Schnell

4 Portionen

Zubereitungszeit: 30 Minuten

Pro Portion: E: 7 g, F: 22 g, Kh: 22 g, kJ: 1340, kcal: 321

Tipp:

Servieren Sie frisches Ciabatta- oder Bauernbrot dazu. Wem der Spargel so zubereitet zu knackig ist, kann den Spargel vor dem Braten kurz blanchieren.

Zutaten:

800 g	dünner weißer Spargel
400 g	grüner Spargel
60 g	Haselnusskerne
80 g	getrocknete Aprikosen
5 EL	Walnussöl oder Olivenöl
2 EL	flüssiger Lindenblütenhonig
	Salz
	frisch gemahlener Pfeffer
1	Rosmarinzweig

1. Den weißen Spargel von oben nach unten schälen, darauf achten, dass die Schalen vollständig entfernt, die Köpfe aber nicht verletzt werden. Die unteren Enden abschneiden (holzige Stellen vollkommen entfernen). Von dem grünen Spargel das untere Drittel schälen, die unteren Enden abschneiden. Spargel abspülen und abtropfen lassen. Den weißen Spargel in etwa 1 cm lange Stücke, den grünen Spargel in etwa 2 cm lange Stücke schneiden.

2. Haselnusskerne grob hacken. Aprikosen in dünne Streifen schneiden.

3. Öl in einer großen Pfanne erhitzen. Die weißen Spargelstücke unter mehrmaligem Wenden bei mittlerer Hitze in etwa 4 Minuten leicht bräunen lassen, dann die grünen Spargelstücke hinzufügen und etwa 3 Minuten mitbraten. Haselnusskerne und Aprikosenstreifen hinzugeben. Honig unterrühren und noch etwa 1 Minute glasieren, mit Salz und Pfeffer würzen.

4. Rosmarin abspülen und trockentupfen. Die Nadeln vom Zweig zupfen. Nadeln fein schneiden. Die Spargelstücke mit Salz, Pfeffer und Rosmarin abschmecken und sofort servieren.

Gebratener weißer Spargel mit Petersilie und Mandeln

Schnelle Beilage

4 Portionen

Zubereitungszeit: 30 Minuten

Pro Portion: E: 5 g, F: 22 g, Kh: 3 g, kJ: 927, kcal: 222

Tipp:

Das Gemüse passt gut zu Fisch und Geflügel.

Zutaten:

500 g	dünner weißer Spargel
2 EL	Olivenöl
	Salz
	frisch gemahlener Pfeffer
2 EL	Butter
4 EL	gehobelte Mandeln
1 EL	gehackte Petersilie

1. Den Spargel von oben nach unten schälen, darauf achten, dass die Schalen vollständig entfernt, die Köpfe aber nicht verletzt werden. Die unteren Enden abschneiden (holzige Stellen vollkommen entfernen). Spargel abspülen, abtropfen lassen, in dünne Scheiben schneiden.

2. Öl in einer breiten Pfanne erhitzen. Die Spargelscheiben darin unter Rühren etwa 5 Minuten braten, mit Salz und Pfeffer würzen.

3. Spargel nach 5 Minuten Bratzeit probieren, er sollte noch knackig sein, sonst noch weitere 2–3 Minuten braten.

4. Butter unterrühren. Mandeln und Petersilie hinzufügen und unterrühren. Gebratenen Spargel mit den beiseite gelegten Petersilienstängeln garnieren und servieren.

12 Stück

Zubereitungszeit: 60 Minuten
Backzeit: etwa 30 Minuten

Pro Stück: E: 13 g, F: 11 g,
Kh: 22 g, kJ: 993, kcal: 237

Spargel-Kalbfleisch-Röllchen

Etwas aufwändiger

Zutaten:

Für den Knetteig:

250 g	Weizenmehl
100 ml	lauwarmes Wasser
½ gestr. TL	Salz
1	Eigelb (Größe M)
3 EL	Olivenöl

Für die Füllung:

500 g	weißer Spargel
250 ml (¼ l)	Wasser
1 gestr. TL	Salz
1 Prise	Zucker
1 TL	Butter
12	dünne Kalbsschnitzel (etwa 500 g)
2 gestr. EL	grünes Pesto (aus dem Glas)
	Salz
	frisch gemahlener Pfeffer

Zum Bestreichen:

6 EL	Olivenöl

Zum Bestreuen:

6 EL	Semmelbrösel

1. Für den Teig Mehl in eine Rührschüssel sieben. Wasser, Salz, Eigelb und Öl hinzufügen. Die Zutaten mit Handrührgerät mit Knethaken zunächst kurz auf niedrigster, dann auf höchster Stufe gut durcharbeiten.

2. Anschließend auf einer bemehlten Arbeitsfläche zu einem glatten Teig verkneten. Sollte er kleben, ihn in Folie gewickelt eine Zeit lang kalt stellen.

3. Für die Füllung den Spargel von oben nach unten schälen, darauf achten, dass die Schalen vollständig entfernt, die Köpfe aber nicht verletzt werden. Die unteren Enden abschneiden (holzige Stellen vollkommen entfernen). Spargel abspülen, abtropfen lassen und in der Breite der Schnitzel in Stücke schneiden.

4. Wasser mit Salz, Zucker und Butter in einem Topf zum Kochen bringen. Spargelstücke hinzufügen, zum Kochen bringen und zugedeckt etwa 8 Minuten garen. Spargel in ein Sieb geben, mit kaltem Wasser abschrecken und abtropfen lassen.

5. Schnitzel unter fließendem kalten Wasser abspülen, trockentupfen, mit Pesto bestreichen und mit Salz und Pfeffer würzen. Spargelstücke darauf verteilen. Schnitzel von der schmalen Seite her aufrollen.

6. Den Teig auf der bemehlten Arbeitsfläche nochmals kurz durchkneten und halbieren. Die Teighälften nacheinander auf einem mit Mehl bestreuten Geschirrtuch zu einem Rechteck (etwa 60 x 50 cm) ausrollen und in je 6 Rechtecke (etwa 25 x 20 cm) schneiden.

7. Teigstücke mit etwas von dem Olivenöl bestreichen. Unteres Teigdrittel der Teigstücke mit Semmelbröseln bestreuen. Fleischröllchen auf den Teig legen und darin einrollen (dabei die Seiten vorher einschlagen).

8. Teigrollen auf ein Backblech (gefettet, mit Backpapier belegt) legen und mit dem restlichen Olivenöl bestreichen. Das Backblech in den vorgeheizten Backofen schieben.

Ober-/Unterhitze: etwa 200 °C
Heißluft: etwa 180 °C
Backzeit: etwa 30 Minuten.

9. Die Spargel-Kalbfleisch-Röllchen vom Backpapier lösen und auf eine Platte legen, sofort servieren.

Snacks & Kleinigkeiten

4 Portionen

Zubereitungszeit: 50 Minuten

Pro Portion: E: 8 g, F: 19 g, Kh: 15 g, kJ: 1113, kcal: 266

Tipp:
Gemüse-Spargel-Gulasch mit Vollkornbrot oder Vollkornreis servieren.
Gemüsegulasch nach Belieben ohne Sahne zubereiten, statt dessen dazu eine Sauce hollandaise reichen.

Gemüse-Spargel-Gulasch in Zitronensahne

Vegetarisch

Zutaten:

1 Bund	Frühlingszwiebeln
250 g	weiße Champignons
500 g	grüner Spargel
250 g	Zuckerschoten
250 g	Möhren
	Salzwasser
2 EL	Olivenöl
150 ml	Gemüsebrühe
200 g	Schlagsahne
	Salz
	frisch gemahlener Pfeffer
einige Stängel	Zitronenmelisse und Zitronenthymian

1. Frühlingszwiebeln putzen, waschen, abtropfen lassen und in etwa 4 cm lange Stücke schneiden. Champignons putzen, mit Küchenpapier abreiben, evtl. kurz abspülen und trockentupfen. Größere Champignons halbieren oder vierteln.

2. Vom grünen Spargel das untere Drittel schälen und die Enden abschneiden. Spargel abspülen, abtropfen lassen und in etwa 4 cm lange Stücke schneiden. Zuckerschoten putzen, die Enden abschneiden und evtl. abfädeln. Zuckerschoten waschen und abtropfen lassen.

3. Möhren putzen, schälen, abspülen, abtropfen lassen und in Stifte schneiden. Salzwasser zum Kochen bringen und die Möhrenstifte darin etwa 5 Minuten garen, anschließend in ein Sieb geben, mit kaltem Wasser übergießen und abtropfen lassen.

4. Olivenöl in einem großen Topf erhitzen. Vorbereitetes Gemüse portionsweise darin andünsten. Gemüsebrühe und Sahne hinzugießen, mit Salz und Pfeffer würzen. Die Zutaten zum Kochen bringen und etwa 10 Minuten bei schwacher Hitze garen.

5. Melisse und Thymian abspülen und trockentupfen. Die Blättchen von den Stängeln zupfen. Blättchen klein schneiden, zu dem Gemüse-Spargel-Gulasch geben und unterrühren. Gemüse-Spargel-Gulasch mit Salz und Pfeffer abschmecken.

48 Stück

Zubereitungszeit: 50 Minuten, ohne Auftauzeit
Backzeit: 20–25 Minuten je Form

Pro Stück: E: 1 g, F: 4 g, Kh: 3 g, kJ: 210, kcal: 50

Tipp:
Die Minimuffins in Papiermuffinsförmchen servieren. Die Minimuffins können eingefroren und nach dem Auftauen 3–4 Minuten bei Ober-/Unterhitze (180 °C) aufgebacken werden.

Spargel-Blätterteig-Minimuffins

Einfach

Zutaten:

1 Pck.	TK-Blätterteig (450 g, 10 quadratische Platten)
250 g	TK-Blattspinat
250 g	weiße Spargelspitzen (oder Bruchspargel)
250 ml (1/4 l)	Wasser
1/2 TL	Salz
1 Prise	Zucker
2	Tomaten (etwa 200 g)
3	Eier (Größe M)
200 g	Schlagsahne
	Salz
	frisch gemahlener Pfeffer
	frisch geriebene Muskatnuss

1. Blätterteigplatten nebeneinander zugedeckt bei Zimmertemperatur auftauen lassen. Blattspinat nach Packungsanleitung auftauen lassen.

2. Spargelspitzen evtl. vorsichtig schälen, abspülen und abtropfen lassen. Wasser mit Salz und Zucker zum Kochen bringen. Spargelspitzen hinzufügen, wieder zum Kochen bringen und in etwa 6 Minuten bissfest kochen. Spargelspitzen in ein Sieb geben, mit kaltem Wasser abspülen und abtropfen lassen.

3. Aus den Blätterteigplatten mit einer runden Ausstechform oder mit einem Wasserglas (Ø etwa 5 cm) 48 Kreise ausstechen. Teigkreise in eine Minimuffinsform (für 24 Minimuffins, gefettet) legen und leicht andrücken (restliche Teigkreise zunächst kalt stellen).

4. Aufgetauten Blattspinat in einem Sieb gut abtropfen lassen und gut ausdrücken, evtl. etwas kleiner schneiden. Spargelspitzen in kleine Stücke schneiden. Tomaten waschen, trockentupfen, vierteln und die Stängelansätze herausschneiden. Tomaten entkernen und in kleine Würfel schneiden. Ei mit Sahne verschlagen, mit Salz, Pfeffer und Muskatnuss kräftig würzen.

5. Die Muffins mit der Hälfte des Spinats, der Tomatenwürfel und der Spargelstückchen füllen. Die Hälfte der Sahne-Ei-Mischung darüber gießen. Die Form auf dem Rost in den vorgeheizten Backofen schieben.

Ober-/Unterhitze: etwa 200 °C
Heißluft: etwa 180 °C
Backzeit: 20–25 Minuten je Form.

6. Die Muffins nach dem Backen aus den Formen lösen und auf einen Kuchenrost legen.

7. Die restlichen Teigkreise ebenso verarbeiten und backen. Muffins warm oder kalt servieren.

Roh gebratener Spargel mit Möhren

Raffiniert

(Foto)

4 Portionen

Zubereitungszeit: 45 Minuten

Pro Portion: E: 6 g, F: 10 g, Kh: 8 g, kJ: 636, kcal: 152

Zutaten:

750 g	weißer Spargel (dünne Stangen)
1 Bund	junge Möhren (etwa 250 g)
½ Bund	glatte Petersilie
2	große Tomaten
2–3 EL	Rapsöl
2 EL	Sojasauce
2 EL	süße Sojasauce
	Salz
	frisch gemahlener Pfeffer
2 EL	geröstete Sesamsamen

1. Spargel von oben nach unten schälen, dabei darauf achten, dass die Schalen vollständig entfernt, die Köpfe aber nicht verletzt werden. Die unteren Enden abschneiden (holzige Stellen vollkommen entfernen). Spargel abspülen, abtropfen lassen und sehr schräg in etwa 4 cm lange, dünne Scheiben schneiden.

2. Möhren schälen, putzen, abspülen, abtropfen lassen und wie den Spargel in lange, dünne Scheiben schneiden. Petersilie abspülen und trockentupfen. Die Blättchen von den Stängeln zupfen. Blättchen fein schneiden.

3. Tomaten abspülen, kreuzweise einschneiden und kurz in kochendes Wasser legen. Anschließend mit kaltem Wasser abschrecken und enthäuten. Tomaten in Viertel schneiden, entkernen und die Stängelansätze herausschneiden. Das Fruchtfleisch in feine Würfel schneiden.

4. Öl in einer großen Pfanne erhitzen. Spargel- und Möhrenscheiben in 5–6 Minuten darin unter Rühren bissfest braten. Das Gemüse mit beiden Sojasaucen, Salz und Pfeffer würzen. Tomatenwürfel, Sesamsamen und Petersilie unterheben und das Gemüse servieren.

Tipp:

Spargel mit Möhren schmeckt gut zu gebratenem Fisch oder Geflügel.

Spargel venezianisch

Einfach

4 Portionen

Zubereitungszeit: 45 Minuten

Pro Portion: E: 22 g, F: 33 g, Kh: 9 g, kJ: 1755, kcal: 420

Zutaten:

1 kg	weißer Spargel
1 kg	grüner Spargel
500 ml (½ l)	Wasser
1 TL	Salz
1 Prise	Zucker
1 TL	Butter
8	Eier
	grobes Meersalz
	Pfeffer
250 ml (¼ l)	Olivenöl
evtl. 8 EL	Rotweinessig

1. Den weißen Spargel von oben nach unten schälen, darauf achten, dass die Schalen vollständig entfernt, die Köpfe aber nicht verletzt werden. Die unteren Enden abschneiden (holzige Stellen vollkommen entfernen). Von dem grünen Spargel das untere Drittel schälen und die Enden abschneiden. Spargel abspülen, abtropfen lassen und in Stücke schneiden.

2. Wasser mit Salz, Zucker und Butter in einem großen Topf zum Kochen bringen. Spargelstücke hinzufügen, alles zum Kochen bringen und zugedeckt weiße Spargelstücke 8–10 Minuten, grüne Spargelstücke etwa 5 Minuten kochen. Spargelstücke abtropfen lassen und auf einer vorgewärmten Platte anrichten.

3. Die Eier in kochendem Wasser in etwa 8 Minuten wachsweich kochen, dann mit kaltem Wasser abschrecken. Eier pellen, grob hacken und auf dem angerichteten Spargel verteilen, mit Salz und Pfeffer bestreuen. Olivenöl darüber gießen. Nach Belieben mit Rotweinessig beträufeln.

Beilage:

Ciabatta-Brot.

4 Portionen

Zubereitungszeit: 45 Minuten

Pro Portion: E: 25 g, F: 34 g, Kh: 13 g, kJ: 1962, kcal: 469

Spargel mit Käsesauce

Raffiniert

Zutaten:

1 kg	weißer Spargel
500 ml (½ l)	Wasser
1 TL	Salz
1 Prise	Zucker
1 TL	Butter

Für die Käsesauce:

50 g	Butter
30 g	Weizenmehl
250 ml (¼ l)	Milch
125 g	Schlagsahne
250 ml (¼ l)	Spargelfond
	frisch gemahlener Pfeffer
50 g	geriebener alter Gouda-Käse
2	Eigelb (Größe M)

Zum Bestreuen:

300 g	fein gewürfelter Katenschinken

1. Spargel von oben nach unten schälen, dabei darauf achten, dass die Schalen vollständig entfernt, die Köpfe aber nicht verletzt werden. Die unteren Enden abschneiden (holzige Stellen vollkommen entfernen). Spargel abspülen und abtropfen lassen.

2. Wasser mit Salz, Zucker und Butter in einem großen Topf zum Kochen bringen. Den Spargel hinzufügen, wieder zum Kochen bringen und zugedeckt je nach Spargeldicke in 8–10 Minuten bissfest oder in etwa 15 Minuten weich kochen. Spargel in einem Sieb abtropfen lassen, dabei den Spargelfond auffangen und 250 ml (¼ l) abmessen. Spargel warm stellen.

3. Für die Käsesauce Butter in einem Topf zerlassen. Mehl unter Rühren darin erhitzen, bis es hellgelb ist. Milch, Sahne und abgemessenen Spargelfond hinzugießen und dabei mit einem Schneebesen kräftig rühren, darauf achten, dass keine Klümpchen entstehen. Die Sauce zum Kochen bringen und bei schwacher Hitze etwa 3 Minuten ohne Deckel köcheln lassen, dabei gelegentlich umrühren.

4. Sauce mit Salz und Pfeffer würzen und den geriebenen Käse darin schmelzen lassen. Eigelb unterrühren, dabei die Sauce nicht mehr kochen lassen. Die Käsesauce heiß mit dem Spargel servieren und mit Schinkenwürfeln bestreuen.

Tipp:

Dazu schmecken neue kleine Petersilien-Kartoffeln am besten. Die Käsesauce kann geschmacklich variiert werden, indem 2 Esslöffel gehackte Petersilie, Basilikum oder Kerbel kurz vor dem Servieren unter die Sauce gerührt werden.

Spargelsauce mit grünem Spargel

Schnell

(Foto)

4 Portionen

Zubereitungszeit: 20 Minuten

Pro Portion: E: 5 g, F: 18 g, Kh: 5 g, kJ: 821, kcal: 198

Tipp:
Zur Spargelsauce passen Bandnudeln (Tagliatelle). Bestreuen Sie das Gericht mit geraspeltem Comte (Hartkäse).

Zutaten:

500 g	grüner Spargel
350 ml	Gemüsebrühe
1 Bund	glatte Petersilie
1 Becher (150 g)	Crème fraîche
	Salz
	frisch gemahlener Pfeffer
40 g	Haselnusskerne

1. Vom Spargel das untere Drittel schälen, die Enden abschneiden, den Spargel in etwa 1 cm lange Stücke schneiden, dabei die Spargelspitzen 2–3 cm lang lassen. Spargel abspülen und abtropfen lassen.

2. Gemüsebrühe in einem Topf erhitzen und die Spargelstücke etwa 6 Minuten darin kochen lassen, anschließend die Spargelspitzen aus der Brühe nehmen und beiseite legen.

3. Petersilie abspülen, trockentupfen, die Blätter von den Stängeln zupfen und fein schneiden. Die Petersilie in die Spargelbrühe geben und fein pürieren. Crème fraîche unterrühren und die Sauce mit Salz und Pfeffer würzen.

4. Haselnusskerne grob hacken, in einer Pfanne ohne Fett leicht bräunen. Die Sauce mit den Spargelspitzen und den Haselnusskernen bestreut servieren.

Räucherlachs mit Spargelspitzen

Beliebt

4 Portionen

Zubereitungszeit: 30 Minuten

Pro Portion: E: 15 g, F: 14 g, Kh: 3 g, kJ: 811, kcal: 194

Tipp:
Dazu getoastetes Vollkornsandwich reichen.

Zutaten:

etwa 30	weiße Spargelspitzen
250 ml (1/4 l)	Wasser
1/2 TL	Salz
1 Prise	Zucker
200 g	Räucherlachs
200 g	Salat, z.B. Feldsalat, Friséesalat, Eisbergsalat
200 g	weiße Champignons
3 EL	Weißweinessig
3–4 EL	Spargelfond
	frisch gemahlener Pfeffer
1 Prise	Zucker
4 EL	Traubenkernöl
2 EL	gemischte gehackte Kräuter, z.B. Kerbel, Petersilie

1. Spargelspitzen evtl. vorsichtig schälen, abspülen und abtropfen lassen. Wasser mit Salz und Zucker zum Kochen bringen. Spargelspitzen hinzufügen, wieder zum Kochen bringen und in etwa 6 Minuten bissfest kochen. Spargelspitzen in ein Sieb geben, mit kaltem Wasser abspülen und abtropfen lassen. Spargelfond beiseite stellen.

2. Räucherlachs in dünne Streifen schneiden. Salate putzen, waschen, trockentupfen bzw. trockenschleudern und in mundgerechte Stücke schneiden. Champignons putzen, mit Küchenpapier abreiben, evtl. abspülen, gut abtropfen lassen und in dünne Scheiben schneiden.

3. Essig mit 3–4 Esslöffeln vom Spargelfond verrühren, mit Salz, Pfeffer und Zucker abschmecken. Öl unterschlagen und einen Esslöffel von den Kräutern unterrühren. Salatblätter und Champignonscheiben mit dem Dressing vermischen, auf einer großen Platte anrichten. Spargelspitzen und Räucherlachsstreifen darauf geben und mit den restlichen Kräutern bestreuen.

4 Portionen

Zubereitungszeit: 40 Minuten, ohne Auftauzeit
Garzeit: etwa 12 Minuten

Pro Portion: E: 21 g, F: 38 g, Kh: 6 g, kJ: 1888, kcal: 452

Garnelen und grüner Spargel in Nussbutter

Für Gäste

Zutaten:

Zum Vorbereiten:

220 g	geschälte TK-Garnelen
1 kg	grüner Spargel
500 ml (1/2 l)	Wasser
1 TL	Salz
1 Prise	Zucker
1	große Fleischtomate
150 g	Butter
	Salz
	frisch gemahlener Pfeffer
1	kleines Bund Kerbel
60 g	frisch gehobelter Parmesan-Käse

1. Zum Vorbereiten Garnelen nach Packungsanleitung auftauen lassen.

2. Vom Spargel das untere Drittel schälen und die Enden abschneiden. Spargel abspülen und abtropfen lassen. Wasser mit Salz und Zucker in einem Topf zum Kochen bringen. Spargel hinzufügen, wieder zum Kochen bringen und in etwa 5 Minuten bissfest kochen. Spargel abtropfen lassen und warm stellen.

3. Tomate waschen, trockentupfen, vierteln, entkernen und den Stängelansatz herausschneiden. Tomate in kleine Würfel schneiden. Garnelen evtl. entdarmen, unter fließendem kalten Wasser abspülen und trockentupfen.

4. Etwa 50 g von der Butter in einer Pfanne zerlassen und die Garnelen darin braten, bis sie sich rot färben, mit Salz und Pfeffer würzen. Etwa die Hälfte der Tomatenwürfel vorsichtig unterheben.

5. Restliche Butter in einer kleinen Pfanne zerlassen und so lange erhitzen, bis sie hellbraun geworden ist (Der Geschmack der Butter wird leicht nussig, deshalb nennt man sie auch Nussbutter). Kerbel abspülen und trockentupfen. Die Blättchen von den Stängeln zupfen.

6. Den Spargel mit den gebratenen Garnelen auf Tellern anrichten, mit Nussbutter beträufeln und mit den restlichen Tomatenwürfeln und Parmesan-Käse bestreuen, mit den Kerbelblättchen garnieren und sofort servieren.

Tipp:
Gedünstete oder gebratene neue Kartoffeln vervollständigen diese kleine Mahlzeit.

Spargel-Schinken-Omelett (Foto)

Beliebt

2 Stück

Zubereitungszeit: 40 Minuten

Pro Stück: E: 28 g, F: 31 g, Kh: 4 g, kJ: 1737, kcal: 415

Tipp:

Nur 1 Omelett in einer größeren Pfanne (Ø 28 cm) backen und vor dem Servieren halbieren. Eine beschichtete Pfanne erleichtert das Lösen des Omeletts.

Zutaten:

250 g	weißer Spargel
250 ml (1/4 l)	Wasser
1 TL	Salz
1 Prise	Zucker
100 g	gekochter Schinken
1 EL	Butter oder Margarine
4	Eier (Größe M)
4 EL	Milch
1/4 TL	Salz
20 g	Butter oder Margarine
etwas	gehackte Petersilie

1. Den Spargel von oben nach unten schälen, darauf achten, dass die Schalen vollständig entfernt, die Köpfe aber nicht verletzt werden. Enden abschneiden (holzige Stellen vollkommen entfernen). Spargel abspülen, abtropfen lassen und in etwa 3 cm lange Stücke schneiden.

2. Wasser mit Salz und Zucker in einem Topf zum Kochen bringen. Die Spargelstücke hinzufügen, wieder zum Kochen bringen und zugedeckt etwa 8 Minuten bissfest kochen. Die Spargelstücke in ein Sieb geben, mit kaltem Wasser abschrecken und abtropfen lassen.

3. Schinken würfeln. Butter oder Margarine zerlassen. Spargelstücke und Schinkenwürfel darin kurz anbraten, warm halten. Eier mit Milch und Salz verschlagen. Die Hälfte der Butter oder Margarine in einer Pfanne (Ø 20 cm) zerlassen. Die Hälfte der Eiermilch hineingeben, zugedeckt bei schwacher Hitze etwa 5–10 Minuten stocken lassen.

4. Wenn die untere Seite hellbraun gebacken ist (die obere Seite muss weich bleiben), die Hälfte der Spargel-Schinken-Masse auf eine Hälfte des Omeletts geben, die andere Hälfte darüberklappen. Omelett auf einen vorgewärmten Teller gleiten lassen und warm stellen. Auf die gleiche Weise das zweite Omelett zubereiten. Omeletts mit Petersilie bestreuen.

Spargel mit Parmesan-Käse (Foto Seite 34)

Schnell

4 Portionen

Zubereitungszeit: 25 Minuten
Backzeit: etwa 5 Minuten

Pro Portion: E: 11 g, F: 26 g, Kh: 5 g, kJ: 1242, kcal: 297

Tipp:

Dazu ofenfrisches Baguette reichen.

Zutaten:

1 kg	grüner Spargel
250 ml (1/4 l)	Wasser
1 gestr. TL	Salz
1 TL	Butter
80 g	frisch geriebener Parmesan-Käse
80 g	zerlassene Butter

1. Vom Spargel das untere Drittel schälen und die unteren Enden abschneiden. Spargelstangen abspülen und abtropfen lassen. Wasser mit Salz und Butter in einem Topf zum Kochen bringen. Spargel hinzufügen, zum Kochen bringen und zugedeckt etwa 6 Minuten garen.

2. Die Spargelstangen mit einer Schaumkelle herausnehmen, abtropfen lassen und in eine Auflaufform (gefettet) legen. Spargelstangen mit Parmesan-Käse bestreuen. Butter darauf verteilen. Die Form auf dem Rost in den vorgeheizten Backofen schieben und den Spargel überbacken.

Ober-/Unterhitze: etwa 220 °C
Heißluft: etwa 200 °C
Backzeit: etwa 5 Minuten.

Hauptgerichte

Unschlagbare Kombinationen für jeden Tag

Weißer und grüner Spargel –
in Verbindung mit Lachs, Tafelspitz und verschiedenen
Gemüsesorten kommt das Stangengemüse
zu seinem großen Auftritt.

Lauwarmer Tafelspitz mit Spargelvinaigrette

Für Gäste – Dauert länger

4 Portionen

Zubereitungszeit: 30 Minuten
Garzeit: etwa 2½ Stunden

Pro Portion: E: 65 g, F: 11 g, Kh: 6 g, kJ: 1681, kcal: 403

Tipp:
Dazu frisches Brot oder Bratkartoffeln reichen.
Das Fleisch ist gar, wenn es von allein wieder von einer Fleischgabel rutscht.

Zutaten:

	Wasser
1,2 kg	Tafelspitz (ein besonderes Stück aus der Rinderhüfte)
2 gestr. TL	Salz
1 EL	Pfefferkörner
1 Bund	Suppengrün (Möhre, Porree, Knollensellerie)
250 g	weißer Spargel
250 g	grüner Spargel
2 EL	Olivenöl
1	große Tomate
1 Topf	Kerbel
1 Topf	Schnittlauch
4 EL	weißer Balsamessig oder Weißweinessig
½–1 EL	Honig
	frisch gemahlener Pfeffer

1. Wasser zugedeckt in einem großen Topf zum Kochen bringen. Tafelspitz unter fließendem kalten Wasser abspülen, mit Salz und Pfefferkörnern in das kochende Wasser geben. Das Ganze wieder zum Kochen bringen und den Schaum mit einer Schaumkelle abschäumen. Tafelspitz in etwa 2½ Stunden zugedeckt gar ziehen lassen (nicht kochen lassen, das Wasser soll sich nur leicht bewegen).

2. In der Zwischenzeit das Suppengrün putzen, abspülen, abtropfen lassen und in Stücke schneiden. Nach etwa 1 Stunde Garzeit das vorbereitete Suppengrün mit in den Topf geben.

3. Den weißen Spargel von oben nach unten schälen, darauf achten, dass die Schalen vollständig entfernt, die Köpfe aber nicht verletzt werden. Die unteren Enden abschneiden (holzige Stellen vollkommen entfernen).

4. Vom grünen Spargel das untere Drittel schälen und die unteren Enden abschneiden. Spargel abspülen, abtropfen lassen und in etwa 1 cm dicke Scheiben schneiden.

5. Olivenöl in einer Pfanne erhitzen. Die Spargelstücke darin andünsten, mit Salz würzen und zugedeckt etwa 5 Minuten garen. Dann die Spargelscheiben mit dem Sud in eine Schüssel geben.

6. Tomate waschen, abtrocknen, vierteln, entkernen und den Stängelansatz herausschneiden. Das Fruchtfleisch würfeln. Kerbel und Schnittlauch abspülen und trockentupfen. Einige Kerbelstängel zum Garnieren beiseite legen. Von den restlichen Kerbelstängeln die Blättchen zupfen und fein hacken oder schneiden. Schnittlauch in kleine Röllchen schneiden. Essig mit Honig verrühren und mit den Kräutern unter die Spargelscheiben rühren. Spargelvinaigrette mit Salz und Pfeffer abschmecken.

7. Das gare Fleisch aus dem Topf nehmen, zugedeckt etwa 10 Minuten ruhen lassen und anschließend in dünne Scheiben schneiden. Das Fleisch auf einer vorgewärmten Platte anrichten. Die Spargelvinaigrette darauf verteilen und mit den beiseite gelegten Kerbelstängeln garniert servieren.

Reisauflauf mit Spargel

Mit Alkohol

4 Portionen

Zubereitungszeit: 20 Minuten
Garzeit: etwa 60 Minuten

Pro Portion: E: 48 g, F: 23 g, Kh: 57 g, kJ: 2770, kcal: 663

Zutaten:

600 g	Hähnchenbrustfilet
	Salz
	frisch gemahlener Pfeffer
Saft von 1	Limette
500 g	weißer Spargel
1 Bund	Frühlingszwiebeln
250 g	Risotto-Reis
60 g	frisch geriebener Parmesan-Käse
350 ml	Hühner- oder Gemüsebrühe
150 ml	trockener Weißwein
200 g	Schlagsahne
	Zucker
3 Stängel	glatte Petersilie

1. Hähnchenbrustfilet unter fließendem kalten Wasser abspülen, trockentupfen und halbieren. Filetstücke in eine große, flache Auflaufform (gefettet) legen, mit Salz und Pfeffer bestreuen und mit Limettensaft beträufeln.

2. Spargel von oben nach unten schälen, darauf achten, dass die Schalen vollständig entfernt, die Köpfe aber nicht verletzt werden, die unteren Enden abschneiden (holzige Stellen vollkommen entfernen). Spargel abspülen, abtropfen lassen und in etwa 3 cm lange Stücke schneiden.

3. Frühlingszwiebeln putzen, waschen, abtropfen lassen und in etwa 2 cm lange Stücke schneiden.

4. Reis mit Spargel- und Frühlingszwiebelstücken mischen und auf das Fleisch geben, mit der Hälfte des Käses bestreuen.

5. Brühe mit Weißwein und Sahne verrühren, mit Salz, Pfeffer und einer Prise Zucker würzen und über den Auflauf gießen.

6. Die Form auf dem Rost (unteres Drittel) in den vorgeheizten Backofen schieben. Nach 30 Minuten Garzeit die Temperatur um etwa 20 °C zurückschalten. Während der Garzeit den Auflauf ab und zu umrühren. Etwa 10 Minuten vor Beendigung der Garzeit den Auflauf mit dem restlichen Käse bestreuen.

Ober-/Unterhitze: etwa 200 °C
Heißluft: etwa 180 °C
Garzeit: etwa 60 Minuten.

7. Petersilienstängel abspülen und trockentupfen. Blättchen von den Stängeln zupfen. Blättchen klein schneiden. Den Auflauf mit Petersilie bestreut servieren.

Tipp:
Statt frischen Spargel können Sie auch TK-Spargel verwenden.

Versunkener Spargel (Foto)

Beliebt

6 Portionen

Zubereitungszeit: 25 Minuten
Garzeit: etwa 30 Minuten

Pro Portion: E: 21 g, F: 26 g, Kh: 14 g, kJ: 1573, kcal: 377

Tipp:
Wer den Spargel nicht so knackig mag, kann den Spargel auch kurz blanchieren.

Zutaten:

1,6 kg	weißer Spargel
5	Eier (Größe M)
200 g	Schlagsahne
3 EL	Semmelbrösel
2 EL	Zitronensaft
1 EL	Zucker
1 TL	Salz
	frisch gemahlener Pfeffer
150 g	Kochschinken
2 EL	Schnittlauchröllchen

1. Den Spargel von oben nach unten schälen, darauf achten, dass die Schalen vollständig entfernt, die Köpfe aber nicht verletzt werden. Die unteren Enden abschneiden (holzige Stellen vollkommen entfernen). Spargel abspülen und abtropfen lassen.

2. Eier mit Sahne, Semmelbröseln, Zitronensaft, Zucker, Salz und Pfeffer verrühren. Schinken würfeln. Die Spargelstangen in eine Auflaufform (gefettet) schichten. Schinkenwürfel und Schnittlauchröllchen darauf verteilen. Die Eiersahne darauf gießen. Die Form auf dem Rost in den vorgeheizten Backofen schieben.

Ober-/Unterhitze: etwa 180 °C
Heißluft: etwa 160 °C
Garzeit: etwa 30 Minuten.

3. Den versunkenen Spargel nach dem Garen sofort servieren.

Spargelgratin

Raffiniert

6 Portionen

Zubereitungszeit: 50 Minuten
Garzeit: etwa 40 Minuten

Pro Portion: E: 22 g, F: 23 g, Kh: 11 g, kJ: 1409, kcal: 338

Tipp:
Bei dieser Zubereitung behält der Spargel etwas Biss. Wenn Sie Ihren Spargel lieber weich mögen, dann kochen Sie ihn vor dem Überbacken etwa 10 Minuten vor.

Zutaten:

1,2 kg	weißer Spargel
750 ml (3/4 l)	Wasser
4	Eier (Größe M)
150 g	Crème fraîche
3 EL	Semmelbrösel
150 ml	Spargelfond oder Milch
	Salz
	frisch gemahlener Pfeffer
1 Bund	glatte Petersilie
50 g	fein geriebener Parmesan-Käse
100 g	Frühstücksspeck

1. Den Spargel von oben nach unten schälen, darauf achten, dass die Schalen vollständig entfernt, die Köpfe aber nicht verletzt werden. Die unteren Enden abschneiden (holzige Stellen vollkommen entfernen). Spargelstangen, -schalen und -enden waschen und abtropfen lassen. Spargelschalen und -enden in einem Topf zum Kochen bringen und zugedeckt etwa 20 Minuten leicht kochen lassen. Dann durch ein Sieb geben, Spargelfond dabei auffangen.

2. Eier, Crème fraîche und Semmelbrösel verrühren. Spargelfond oder Milch unterrühren. Mit Salz und Pfeffer würzen. Petersilie abspülen und trockentupfen. Die Blättchen von den Stängeln zupfen. Blättchen fein hacken und unter die Eier-Spargelfond-Masse geben.

3. Spargelstangen längs halbieren und in eine Auflaufform (gefettet) legen. Eier-Spargelfond-Masse darüber gießen. Mit Parmesan bestreuen und mit Frühstücksspeckscheiben belegen. Die Form auf dem Rost in den vorgeheizten Backofen schieben.

Ober-/Unterhitze: etwa 180 °C
Heißluft: etwa 160 °C
Garzeit: etwa 40 Minuten.

Spargelrisotto (Foto)

Vegetarisch

4 Portionen

Zubereitungszeit: 60 Minuten

Pro Portion: E: 16 g, F: 31 g, Kh: 55 g, kJ: 2381, kcal: 571

Zutaten:

1,2 kg	weißer Spargel
1 l	Wasser
60 g	Butter
250 g	Risotto-Reis
400 ml	Gemüsebrühe
1 Becher (150 g)	Crème fraîche
	Salz
	frisch gemahlener Pfeffer
	frisch geriebene Muskatnuss
1 Bund	Rucola (Rauke)
80 g	geraspelter Greyerzer-Käse

1. Den Spargel von oben nach unten schälen, darauf achten, dass die Schalen vollständig entfernt, die Köpfe aber nicht verletzt werden. Die unteren Enden abschneiden (holzige Stellen vollkommen entfernen). Spargelstangen, -schalen und -enden waschen und abtropfen lassen. Spargelstangen in etwa 2 cm lange Stücke schneiden.

2. Spargelschalen und -enden mit Wasser in einem Topf zum Kochen bringen und zugedeckt etwa 15 Minuten leicht kochen lassen. Anschließend in ein Sieb geben, den Spargelfond dabei auffangen und 500 ml (1/2 l) davon abmessen.

3. Butter in einem großen Topf zerlassen. Reis unter Rühren darin anrösten. Etwa 300 ml von dem Spargelfond hinzugießen, zum Kochen bringen und den Reis bei mittlerer Hitze unter gelegentlichem Rühren etwa 30 Minuten garen. Nach und nach restlichen Fond und Brühe hinzugießen.

4. Nach etwa 15 Minuten Garzeit die Spargelstücke hinzugeben und das Risotto fertig garen. Crème fraîche unterrühren, mit Salz, Pfeffer und Muskat würzen. Rucola verlesen, dicke Stängel abschneiden. Rucola waschen, abtropfen lassen, fein schneiden. Rucola und Käse unter das Risotto rühren, sofort servieren.

Spargelrisotto Milano

Schnell

4 Portionen

Zubereitungszeit: 30 Minuten

Pro Portion: E: 11 g, F: 18 g, Kh: 53 g, kJ: 1779, kcal: 426

Tipp:
Dazu schmeckt Parmaschinken.

Zutaten:

2	Frühlingszwiebeln
500 g	grüner Spargel
2 EL	Olivenöl
250 g	Risottoreis
1	Knoblauchzehe
750 ml (3/4 l)	Hühnerbrühe
2 EL	Butter
50 g	Parmesan-Käse
	frisch gemahlener Pfeffer
2 EL	gehackte Basilikumblätter

1. Frühlingszwiebeln putzen, waschen, abtropfen lassen und in Scheiben schneiden. Vom Spargel das untere Drittel schälen und die unteren Enden abschneiden. Spargel abspülen, abtropfen lassen und in etwa 2 cm lange Stücke schneiden.

2. Knoblauch abziehen und durch eine Knoblauchpresse drücken. Öl in einem Topf erhitzen. Reis, Frühlingszwiebeln und Knoblauch 1 Minute darin unter Rühren dünsten. Brühe hinzugießen. Spargelstücke hinzufügen. Das Ganze einmal kurz aufkochen lassen, durchrühren und etwa 15 Minuten bei schwacher Hitze ausquellen lassen.

3. Parmesan reiben und mit der Butter vorsichtig unter das Risotto mischen, mit Pfeffer würzen und mit gehacktem Basilikum bestreuen.

Tortilla vom Blech mit Spargel

Vegetarisch

6 Portionen

Zubereitungszeit: 45 Minuten
Garzeit: 30–40 Minuten

Pro Portion: E: 23 g, F: 39 g, Kh: 23 g, kJ: 2250, kcal: 537

Tipp:
Die Tortilla vor dem Garen zusätzlich mit Pinienkernen oder schwarzen Olivenringen bestreuen. Statt frischem Spargel können Sie auch Spargelstücke aus 2 Gläsern (Abtropfgewicht je 170 g) verwenden. Diese brauchen natürlich nicht vorgegart werden. Tortilla alternativ mit Schnittlauch bestreut servieren.

Zutaten:

750 g	weißer Spargel
375 ml (3/8 l)	Wasser
1 gestr. TL	Salz
10 g	Butter
1 Prise	Zucker
750 g	fest kochende Kartoffeln
2	rote Paprikaschoten (350 g)
2	Zwiebeln
1 Bund	glatte Petersilie
3 EL	Olivenöl
	Salz
	frisch gemahlener Pfeffer
1 gestr. TL	Paprikapulver edelsüß
2 EL	Olivenöl
15	Eier (Größe M)
250 g	Schlagsahne

1. Den Spargel von oben nach unten schälen, darauf achten, dass die Schalen vollständig entfernt, die Köpfe aber nicht verletzt werden. Die unteren Enden abschneiden (holzige Stellen vollkommen entfernen). Spargel abspülen und abtropfen lassen. Spargelstangen in 2–3 cm lange Stücke schneiden.

2. Wasser mit Salz, Butter und Zucker in einem Topf zum Kochen bringen. Die Spargelstücke hinzufügen, zum Kochen bringen und zugedeckt etwa 6 Minuten kochen. Spargelstücke in einem Sieb abtropfen lassen.

3. Kartoffeln schälen, abspülen, abtropfen lassen und in dünne Scheiben schneiden. Paprikaschoten halbieren, entstielen, entkernen und die weißen Scheidewände entfernen. Schoten waschen, abtropfen lassen und in Würfel schneiden.

4. Zwiebeln abziehen und in Würfel schneiden. Petersilie abspülen, trockentupfen, die Blättchen von den Stängeln zupfen. Einige Blättchen zum Garnieren beiseite legen, restliche Blättchen fein schneiden.

5. Olivenöl in einer großen Pfanne erhitzen. Die Kartoffeln dazugeben und von allen Seiten in etwa 10 Minuten goldbraun braten. Mit Salz und Pfeffer bestreuen, gehackte Petersilie unterheben. Kartoffeln in einer Fettpfanne (gefettet) verteilen.

6. Olivenöl in der Pfanne erhitzen. Zwiebel- und Paprikawürfel darin andünsten, mit Salz, Pfeffer und Paprikapulver würzen. Spargelstücke unterheben. Gemüse auf den Kartoffelscheiben verteilen.

7. Eier mit Sahne verschlagen, mit Salz, Pfeffer und Paprikapulver würzen. Eiersahne über das Gemüse gießen. Die Fettpfanne in den vorgeheizten Backofen schieben.

Ober-/Unterhitze: etwa 180 °C
Heißluft: etwa 160 °C
Garzeit: 30–40 Minuten.

8. Fettpfanne auf einen Kuchenrost setzen. Tortilla etwas abkühlen lassen, in Stücke schneiden und mit den beiseite gelegten Petersilienblättchen garniert servieren.

Lachs mit Spargelkruste (Foto)

Raffiniert

4 Portionen

Zubereitungszeit: 40 Minuten
Garzeit: etwa 35 Minuten

Pro Portion: E: 42 g, F: 41 g, Kh: 14 g, kJ: 2497, kcal: 597

Beilage:
Kartoffelpüree.

Zutaten:

350 g	grüner Spargel

Für die Spargelkruste:

40 g	Haselnusskerne
2	Schalotten
60 g	Semmelbrösel
3	Eier (Größe M)
	Salz
	frisch gemahlener Pfeffer
4	Lachsfilets (je etwa 160 g)

Für die Form:

40 g	Butter

1. Vom Spargel das untere Drittel schälen und die unteren Enden abschneiden. Spargel waschen, abtropfen lassen, halbieren und in feine Scheiben schneiden. Spargelscheiben in eine große, flache Schüssel geben.

2. Für die Spargelkruste Haselnusskerne grob hacken. Schalotten abziehen und in feine Würfel schneiden. Haselnusskerne, Schalottenwürfel, Semmelbrösel und Eier mit den Spargelscheiben gut vermischen, mit Salz und Pfeffer würzen.

3. Filets abspülen, trockentupfen, mit Salz und Pfeffer würzen, von beiden Seiten mit der Spargel-Haselnuss-Masse panieren und in eine flache Auflaufform (mit Butter gefettet) legen. Restliche Spargel-Haselnuss-Masse auf den Lachsfilets verteilen, dabei leicht andrücken. Die Form auf dem Rost in den vorgeheizten Backofen schieben.

Ober-/Unterhitze: etwa 180 °C
Heißluft: etwa 160 °C
Garzeit: etwa 35 Minuten.

4. Die Lachsfilets aus dem Ofen nehmen und sofort servieren.

Gratinierter Lachs auf buntem Spargel (Foto Seite 58)

Einfach zuzubereiten

4 Portionen

Zubereitungszeit: 60 Minuten
Garzeit: 8–10 Minuten

Pro Portion: E: 39 g, F: 38 g, Kh: 15 g, kJ: 2341, kcal: 560

Tipp:
Dazu neue kleine Kartoffeln und Sauce hollandaise servieren.

Zutaten:

500 g	weißer Spargel
500 g	grüner Spargel
1 Bund	junge Möhren
375 ml (3/8 l)	Wasser
1 gestr. TL	Salz
4 EL	weiche Butter
2 EL	Semmelbrösel

1. Den weißen Spargel von oben nach unten schälen, darauf achten, dass die Schalen vollständig entfernt, die Köpfe aber nicht verletzt werden. Die unteren Enden abschneiden (holzige Stellen vollkommen entfernen).

2. Vom grünen Spargel das untere Drittel schälen und die unteren Enden abschneiden. Möhren putzen und evtl. schälen. Spargel und Möhren abspülen und abtropfen lassen.

3. Wasser mit Salz in einem Topf zum Kochen bringen. Nacheinander den weißen Spargel zugedeckt in 8–10 Minuten, den grünen Spargel in 3–5 Minuten und die Möhren zugedeckt in 5–7 Minuten darin bissfest kochen.

(Fortsetzung Seite 72)

4 EL	gemischte, gehackte Frühlingskräuter (z.B. Kerbel, Petersilie, Dill, Schnittlauch)
4	Lachsscheiben (je etwa 180 g) frisch gemahlener Pfeffer
2 EL	Butter
½ gestr. TL	Zucker

4. Das Gemüse jeweils mit einem Schaumlöffel herausnehmen, mit kaltem Wasser abschrecken und abtropfen lassen.

5. Butter mit Semmelbröseln und Kräutern verrühren. Die Lachsscheiben unter fließendem kalten Wasser abspülen, trockentupfen, mit Salz und Pfeffer würzen und auf ein Backblech (gefettet) legen. Die Masse gleichmäßig auf den Lachsscheiben verteilen. Das Backblech in den vorgeheizten Backofen schieben.

Ober-/Unterhitze: etwa 140°C
Heißluft: etwa 120 °C
Garzeit: 8–10 Minuten.

6. Dann den Backofen ausschalten und den Grill einschalten (etwa 240 °C) den Lachs dann so lange grillen, bis die Kruste goldgelb ist.

7. In der Zwischenzeit Butter in einer großen Pfanne zerlassen, Zucker unterrühren. Spargel und Möhren hinzufügen und unter gelegentlichem Wenden etwa 3 Minuten garen. Gemüse mit Salz abschmecken und auf 4 vorgewärmten Tellern verteilen. Den gratinierten Lachs darauf anrichten.

Spargelragout

Beliebt

4 Portionen

Zubereitung: 45 Minuten

Pro Portion: E: 11 g, F: 18 g, Kh: 18 g, kJ: 1158, kcal: 279

Zutaten:

1,5 kg	weißer Spargel
750 ml (¾ l)	Wasser
1 TL	Zucker
2 gestr. TL	Salz frisch gemahlener Pfeffer
3 EL	Zitronensaft
350 g	Champignons
40 g	Butter
30 g	Weizenmehl
1 Becher (150 g)	Crème fraîche

1. Den Spargel von oben nach unten schälen, darauf achten, dass die Schalen vollständig entfernt, die Köpfe aber nicht verletzt werden. Die unteren Enden abschneiden (holzige Stellen vollkommen entfernen). Spargelstangen, -schalen und -enden waschen und abtropfen lassen. Spargelstangen in etwa 5 cm lange Stücke schneiden.

2. Spargelschalen und -enden mit Wasser, Zucker, Salz, Pfeffer und Zitronensaft zum Kochen bringen und zugedeckt etwa 10 Minuten leicht kochen lassen. Anschließend in ein Sieb geben und dabei den Spargelfond auffangen. 500 ml (½ l) Spargelfond abmessen.

3. Champignons putzen, mit Küchenpapier abreiben, evtl. abspülen, abtropfen lassen und halbieren oder vierteln. Butter in einem großen Topf zerlassen. Mehl unter Rühren so lange darin erhitzen, bis es hellgelb ist. Abgemessenen Spargelfond nach und nach hinzugießen und dabei mit einem Schneebesen kräftig rühren, darauf achten, dass keine Klümpchen entstehen. Spargel- und Champignonstücke hinzugeben, unter gelegentlichem Rühren zum Kochen bringen und bei schwacher Hitze in etwa 15 Minuten gar kochen. Crème fraîche unterrühren. Ragout mit Salz und Pfeffer abschmecken.

Tipp:
Das Ragout schmeckt sehr lecker zu Reis oder neuen Kartoffeln. Dazu nach Belieben zusätzlich Rucolasalat (Rauke) servieren. Gegarte kleine Garnelen oder Streifen von gekochtem Schinken mit unter das Ragout rühren.

Knoblauch-Spätzle mit grünem Spargel

Mit Alkohol

4 Portionen

Zubereitungszeit: 30 Minuten

Pro Portion: E: 18 g, F: 18 g, Kh: 46 g, kJ: 1826, kcal: 436

Tipp:

Die Knoblauchspätzle reichen als Beilage für 6 Portionen, dann gebratenen Fisch, z. B. Kabeljau oder gebratenes Hähnchenbrustfilet dazureichen. Wer keinen grünen Spargel bekommt, kann auch weißen Spargel verwenden.

Zutaten:

500 g	frische Spätzle (aus dem Kühlregal)
500 g	grüner Spargel
1 Bund	Frühlingszwiebeln
3	Fleischtomaten (je etwa 150 g)
2–3	Knoblauchzehen
3–4 EL	Olivenöl
100 ml	Gemüsebrühe
100 ml	Weißwein
	Salz
	frisch gemahlener Pfeffer
30 g	geriebener Parmesan-Käse
50 g	gehobelter Parmesan-Käse

1. Spätzle nach Packungsanleitung zubereiten und in einem Sieb abtropfen lassen.

2. Vom grünen Spargel das untere Drittel schälen und die unteren Enden abschneiden. Frühlingszwiebeln putzen. Spargel und Frühlingszwiebeln waschen, abtropfen lassen und in etwa 3 cm lange Stücke schneiden.

3. Die Tomaten waschen, abtrocknen, halbieren und die Stängelansätze herausschneiden. Tomaten grob würfeln. Knoblauch abziehen und fein würfeln.

4. Olivenöl in einer großen Pfanne erhitzen. Spargel- und Frühlingszwiebelstücke sowie die Knoblauchwürfel darin andünsten. Brühe und Weißwein nach und nach hinzugießen. Das Ganze etwa 5 Minuten köcheln lassen.

5. Spätzle mit in die Pfanne geben. Die Mischung mit Salz und Pfeffer würzen, den geriebenen Käse unterrühren und alles unter Rühren erwärmen. Tomatenwürfel vorsichtig unterrühren.

6. Zum Servieren die Knoblauchspätzle mit dem gehobelten Parmesan bestreuen.

Spargel-Quiche mit Parmaschinken

Raffiniert

4 Portionen

Zubereitungszeit: 60 Minuten
Backzeit: etwa 30 Minuten

Pro Portion: E: 23 g, F: 28 g, Kh: 45 g, kJ: 2204, kcal: 527

Tipp:
Wenn Sie keinen frischen Spargel bekommen, können Sie auch Spargel aus dem Glas (2 Gläser je 205 g Abtropfgewicht) verwenden.

Zutaten:

500 g	weißer Spargel
500 ml (1/2 l)	Wasser
1 gestr. TL	Salz
20 g	Butter
1 Prise	Zucker

Für den Quark-Öl-Teig:

200 g	Weizenmehl
3 gestr. TL	Dr. Oetker Backin
100 g	Magerquark
50 ml	kaltes Wasser
3 EL	Olivenöl
1 gestr. TL	Salz
1 gestr. TL	Zucker

Für den Belag:

1 Dose	Artischockenböden (Abtropfgewicht 210 g)
150 g	Schlagsahne
2	Eier (Größe M)
	Salz
	Cayennepfeffer
30 g	geriebener Parmesan Käse
einige	Rucolablätter (Rauke)
8	Parmaschinkenscheiben

1. Den Spargel von oben nach unten schälen, darauf achten, dass die Schalen vollständig entfernt, die Köpfe aber nicht verletzt werden. Die unteren Enden abschneiden (holzige Stellen vollkommen entfernen). Spargel abspülen, abtropfen lassen und in etwa 3 cm lange Stücke schneiden.

2. Wasser mit Salz, Butter und Zucker in einem Topf zum Kochen bringen. Die Spargelstücke hinzufügen, zum Kochen bringen und zugedeckt etwa 5 Minuten garen. Spargelstücke in ein Sieb geben und abtropfen lassen.

3. Für den Quark-Öl-Teig Mehl mit Backpulver vermischen und in eine Rührschüssel sieben. Quark, Wasser, Öl, Salz und Zucker hinzufügen und mit einem Handrührgerät mit Knethaken erst kurz auf niedrigster, dann auf höchster Stufe zu einem glatten Teig verarbeiten (nicht zu lange kneten, der Teig klebt sonst).

4. Dann den Teig auf einer bemehlten Arbeitsfläche zu einer runden Platte (Ø etwa 32 cm) ausrollen. Den Teig vorsichtig von 4 Seiten zur Mitte falten. Den Teig in eine Tarte- oder Quicheform (Ø 26–28 cm, gefettet) legen. Den Teig in der Form auseinanderfalten und die Teigränder andrücken. Den Teigboden mit einer Gabel mehrmals einstechen.

5. Artischockenböden in einem Sieb abtropfen lassen und in dünne Scheiben schneiden. Eier mit Sahne verschlagen, mit Salz und Cayennepfeffer würzen. Nacheinander die Artischockenscheiben und die Spargelstücke auf den Teigboden legen. Die Eiersahne darauf gießen und mit Parmesan bestreuen.

6. Die Form auf dem Rost in den vorgeheizten Backofen schieben.

Ober-/Unterhitze: etwa 200 °C
Heißluft: etwa 180 °C
Backzeit: etwa 30 Minuten.

7. Rucola waschen, trockentupfen und in kleine Stücke zupfen. Die gebackene Quiche in der Form auf einen Kuchenrost stellen. Die Quiche vor dem Servieren mit Parmaschinken und Rucola belegen. Die Quiche heiß oder kalt servieren.

Spargelcrespelle mit Ricotta

Raffiniert

4 Portionen

Zubereitungszeit: 60 Minuten
Backzeit: 10–15 Minuten

Pro Portion: E: 36 g, F: 76 g, Kh: 26 g, kJ: 3970, kcal: 949

Zutaten:

Für den Crespelle-Teig:

100 g	Weizenmehl
2	Eier (Größe M)
250 ml (1/4 l)	Milch
1 gestr. TL	Salz
2 EL	Butter
etwa 80 g	Butter
500 g	weißer Spargel
500 g	grüner Spargel
375 ml (3/8 l)	Wasser
1 gestr. TL	Salz
20 g	Butter
1 Prise	Zucker
1	Bio-Zitrone (unbehandelt, ungewachst)
500 g	Ricotta (italienischer Frischkäse)
	frisch gemahlener Pfeffer
150 g	Parmesan-Käse am Stück
2 EL	Butter
2 EL	grob gehackte Walnusskerne
2 EL	gehackte Petersilie

1. Für den Teig Mehl in eine Rührschüssel sieben. Eier mit Milch verschlagen, Salz unterrühren. Eiermilch nach und nach unter Rühren zum Mehl geben, darauf achten, dass keine Klümpchen entstehen. Den Teig durch ein feines Sieb passieren.

2. Etwas Butter in einer beschichteten Pfanne (Ø 20 cm) zerlassen, eine dünne Teiglage mit einer drehenden Bewegung gleichmäßig auf dem Boden der Pfanne verteilen. Crespelle von beiden Seiten goldgelb backen, vor dem Wenden etwas Butter in die Pfanne geben. Aus dem restlichen Teig weitere 7 Crespelle zubereiten.

3. Den weißen Spargel von oben nach unten schälen, darauf achten, dass die Schalen vollständig entfernt, die Köpfe aber nicht verletzt werden. Die unteren Enden abschneiden (holzige Stellen vollkommen entfernen).

4. Vom grünen Spargel das untere Drittel schälen und die unteren Enden abschneiden. Spargel abspülen und abtropfen lassen. Wasser mit Salz, Butter und Zucker in einem Topf zum Kochen bringen.

5. Zuerst die weißen Spargelstangen hinzufügen, wieder zum Kochen bringen und zugedeckt je nach Stangendicke in 8–10 Minuten bissfest kochen. Die Spargelstangen mit einem Schaumlöffel herausnehmen, mit kaltem Wasser abschrecken und abtropfen lassen.

6. Dann die grünen Spargelstangen hinzufügen, wieder zum Kochen bringen und zugedeckt je nach Stangendicke in 3–5 Minuten bissfest garen. Anschließend ebenfalls mit kaltem Wasser abschrecken und abtropfen lassen.

7. Zitrone heiß waschen, abtrocknen, etwas Zitronenschale abreiben. Die Zitrone halbieren. Ricotta mit etwas von der Spargelbrühe glatt rühren, mit Salz, Pfeffer, Zitronenschale und und einigen Spritzern Zitronensaft abschmecken.

8. Crespelle nebeneinander auslegen und gleichmäßig mit der Ricottamasse bestreichen. Die Spargelstangen darauf verteilen und die Crespelle aufrollen. Crespelle in eine Auflaufform (gefettet) legen.

9. Butter in einer kleinen Pfanne zerlassen. Walnusskerne und Petersilie unterrühren. Die Mischung auf die Crespelle geben. Parmesan grob reiben und darauf streuen. Die Form auf dem Rost im unteren Drittel in den vorgeheizten Backofen schieben.

Ober-/Unterhitze: etwa 180 °C
Heißluft: etwa 160 °C
Backzeit: 10–15 Minuten.

Grüner Spargel mit gebratenem Hähnchen

Raffiniert

4 Portionen

Zubereitungszeit: 30 Minuten

Pro Portion: E: 34 g, F: 22 g, Kh: 8 g, kJ: 1545, kcal: 369

Tipp:

Servieren Sie Safran-, Curry- oder Basmatireis dazu.

Zutaten:

700 g	grüner Spargel
400 g	Hähnchenbrustfilet
40 g	frischer Ingwer
1	Knoblauchzehe
1 TL	Speisestärke
1 TL	Currypulver
2 EL	Sojasauce
6 EL	Olivenöl
40 g	Pinienkerne
80 g	Katenschinkenwürfel
250 g	Cocktailtomaten
½ Bund	glatte Petersilie

1. Vom Spargel das untere Drittel schälen, die unteren Enden abschneiden. Den Spargel in etwa 2 cm große Stücke schneiden. Spargelstücke abspülen und abtropfen lassen.

2. Hähnchenbrustfilet unter fließendem kalten Wasser abspülen und trockentupfen. Hähnchenbrust in etwa 2 cm große Würfel schneiden. Ingwer und Knoblauch schälen bzw. abziehen und in feine Würfel schneiden.

3. Die Hähnchenbrustwürfel mit Ingwer- und Knoblauchwürfeln, Speisestärke, Curry und Sojasauce mischen.

4. Olivenöl in einer großen Pfanne erhitzen. Die Hähnchenmischung von allen Seiten darin anbraten. Spargelstücke hinzugeben und weitere etwa 3 Minuten braten.

5. Pinienkerne und Schinkenwürfel hinzugeben und kurz unterrühren. Tomaten waschen, trockentupfen, evtl. Stängelansätze entfernen. Tomaten in die Pfanne geben und miterhitzen.

6. Petersilie abspülen, trockentupfen und die Blättchen von den Stängeln zupfen. Blättchen fein hacken. Die Petersilie unter die Hähnchenpfanne heben und sofort servieren.

Hauptgerichte

4 Portionen

Zubereitungszeit: 60 Minuten

Pro Portion: E: 5 g, F: 54 g, Kh: 16 g, kJ: 2351, kcal: 562

Gebackener Spargel mit Mojo Verde

Einfach

Zutaten:

500 g	weißer Spargel
500 g	grüner Spargel
375 ml (3/8 l)	Wasser
1 gestr. TL	Salz

Für den Teig:

80 g	Speisestärke
1 TL	Dr. Oetker Backin
80 ml	eiskaltes Wasser
1	Eiweiß (Größe M)
1	Prise Salz

Mojo Verde (Grüne Sauce):

2	Knoblauchzehen
1 Bund	glatte Petersilie
1 Topf	Koriander
150 ml	Olivenöl
1 Prise	Salz

Zum Ausbacken:

geschmacksneutrales Speiseöl oder Pflanzenfett

1. Den weißen Spargel von oben nach unten schälen, darauf achten, dass die Schalen vollständig entfernt, die Köpfe aber nicht verletzt werden. Die unteren Enden abschneiden (holzige Stellen vollkommen entfernen).

2. Vom grünen Spargel das untere Drittel schälen und die unteren Enden abschneiden. Spargel abspülen, abtropfen lassen und die Stangen halbieren.

3. Wasser mit Salz in einem Topf zum Kochen bringen. Zuerst die weißen Spargelstücke hinzufügen, zum Kochen bringen und zugedeckt in 8–10 Minuten bissfest kochen. Die Spargelstücke mit einem Schaumlöffel herausnehmen, mit kaltem Wasser abschrecken und abtropfen lassen.

4. Dann die grünen Spargelstücke hinzufügen, wieder zum Kochen bringen und zugedeckt in 3–5 Minuten bissfest garen. Anschließend ebenfalls mit kaltem Wasser abschrecken und abtropfen lassen.

5. Für den Teig Stärke mit Backpulver mischen, in eine Rührschüssel sieben und mit dem eiskalten Wasser mit einem Schneebesen zu einem glatten Teig verrühren. Das Eiweiß mit Salz steif schlagen und unter den Teig heben. Teig kalt stellen.

6. Für die Sauce Knoblauchzehen abziehen. Die Kräuter abspülen, trockentupfen und die Blättchen von den Stängeln zupfen. Kräuter mit Knoblauch, Salz und Olivenöl in einen hohen Rührbecher geben und fein pürieren, so dass eine grüne Sauce entsteht.

7. Zum Ausbacken das Fett in einer Fritteuse oder in einem Topf auf etwa 180 °C erhitzen, so dass sich um einen in das Fett gehaltenen Holzlöffelstiel Bläschen bilden. Die Spargelstücke einzeln durch den Teig ziehen und portionsweise im siedenden Fett ausbacken, mit einem Schaumlöffel herausnehmen und auf Küchenpapier gut abtropfen lassen.

8. Den gebackenen Spargel mit Salz bestreuen und mit der Sauce servieren.

Spargelpfanne
Klassisch

4 Portionen

Zubereitungszeit: 40 Minuten
Garzeit: etwa 35 Minuten

Pro Portion: E: 32 g, F: 35 g, Kh: 28 g, kJ: 2322, kcal: 555

Zutaten:

600 g	kleine neue Kartoffeln
60 ml	Olivenöl
	Salz
1 kg	weißer Spargel
2	Zwiebeln
160 g	Cocktailtomaten
400 g	Lachsfilet
	Salz
	frisch gemahlener Pfeffer
1 Bund	Schnittlauch
80 g	Kochschinken
4 EL	Keimöl

1. Die Kartoffeln gründlich waschen, evtl. abbürsten und tropfnass auf ein Backblech legen. Kartoffeln mit Olivenöl beträufeln und mit Salz bestreuen. Das Backblech in den vorgeheizten Backofen schieben.

Ober-/Unterhitze: etwa 200 °C
Heißluft: etwa 180 °C
Garzeit: etwa 35 Minuten.

2. In der Zwischenzeit den Spargel von oben nach unten schälen, darauf achten, dass die Schalen vollständig entfernt, die Köpfe aber nicht verletzt werden. Die unteren Enden abschneiden (holzige Stellen vollkommen entfernen). Spargel abspülen, abtropfen lassen und in etwa 3 cm lange Stücke schneiden.

3. Zwiebeln abziehen und in kleine Würfel schneiden. Tomaten waschen, trockentupfen und evtl. Stängelansätze herausschneiden.

4. Lachsfilet unter fließendem kalten Wasser abspülen, trockentupfen und in etwa 2 cm große Würfel schneiden, mit Salz und Pfeffer würzen. Schnittlauch abspülen, trockentupfen und in kleine Röllchen schneiden. Kochschinken in Streifen schneiden.

5. Keimöl in einer beschichteten Pfanne erhitzen. Die Spargelstücke unter mehrmaligem Wenden in etwa 2 Minuten darin anbraten. Lachswürfel hinzugeben und etwa 2 Minuten mitbraten lassen. Zwiebelwürfel, Tomaten und Kochschinkenstreifen hinzufügen und miterhitzen.

6. Die Spargelpfanne mit Schnittlauchröllchen bestreuen und mit den Kartoffeln sofort servieren.

Gedämpfte Fischröllchen auf Thaispargel

Etwas Besonderes

4 Portionen

Zubereitung im Bambusdämpfer (Ø etwa 26 cm)

Zubereitungszeit: 30 Minuten
Dämpfzeit: etwa 15 Minuten

Pro Portion: E: 35 g, F: 16 g, Kh: 18 g, kJ: 1500, kcal: 359

Tipp:
Für eine vollständige Mahlzeit können Sie dazu Duftreis mit Chilisauce servieren.

Zutaten:

8	getrocknete Reispapierblätter (Ø etwa 16 cm, Asialaden oder Spezialitätenabteilungen von Supermärkten)
100 g	Sojasprossen
1 Bund	Koriander
4 EL	Mango-Chutney
8	kleine Lachsstreifen (je etwa 60 g)
	Salz
	frisch gemahlener Pfeffer
2 EL	eingelegter Ingwer
400 g	Thaispargel
1 EL	Speiseöl, z. B. Sesamöl
2	Bio-Limetten (unbehandelt, ungewachst)
2 EL	geröstete Sesamsamen

1. Reispapierblätter einzeln zwischen nassen Küchentüchern einweichen. Sojasprossen abspülen und in einem Sieb abtropfen lassen. Koriander abspülen und trockentupfen. 4 Korianderstängel zum Garnieren beiseite legen. Von den restlichen Korianderstängeln die Blättchen von den Stängeln zupfen.

2. Lachsstreifen unter fließendem kalten Wasser abspülen, trockentupfen, mit Salz und Pfeffer bestreuen. Lachsstreifen mit Mango-Chutney bestreichen.

3. Ingwer in einem Sieb abtropfen lassen, in kleine Stücke schneiden. Reispapierblätter auf feuchten Küchentüchern nebeneinander auf die Arbeitsfläche legen. Sojasprossen, Ingwerstücke und Korianderblättchen mittig darauf verteilen, mit je einem Lachsstreifen belegen und aufrollen.

4. Von dem Thaispargel die unteren Enden abschneiden. Spargel abspülen, abtropfen lassen, mit Salz bestreuen und mit Öl beträufeln.

5. Limetten heiß abwaschen, abtrocknen und die Schale mit einem Sparschäler abschälen. Limetten halbieren und auspressen.

6. Einen großen Zwei-Etagen-Bambusdämpfer dünn mit Öl ausstreichen. In den unteren Einsatz vorsichtig die Fischröllchen legen. Den Spargel in den anderen Einsatz legen und auf den Einsatz mit den Fischröllchen stellen. Dämpfer mit dem Deckel verschließen.

7. Eine große, flache Pfanne oder einen Wok etwa 3 cm hoch mit Wasser füllen. Limettensaft und -schalen hinzufügen und zum Kochen bringen. Den Bambusdämpfer vorsichtig in die Pfanne oder den Wok setzen. Die Röllchen und den Spargel etwa 15 Minuten dämpfen.

8. Die Fischröllchen auf dem Thaispargel anrichten und mit Sesam bestreut servieren.

Spargelgemüse mit Tagliatelle

Beliebt

4 Portionen

Zubereitungszeit: 30 Minuten

Pro Portion: E: 24 g, F: 23 g, Kh: 76 g, kJ: 2558, kcal: 612

Zutaten:

750 g	grüner Spargel
4 l	Wasser
4 gestr. TL	Salz
400 g	Tagliatelle (Bandnudeln)
1	Zwiebel
2	Knoblauchzehen
4 EL	Olivenöl
50 g	getrocknete Tomaten, in Öl eingelegt
30 g	Pinienkerne
½ Bund	Basilikum
	Salz
	frisch gemahlener Pfeffer
60 g	gehobelter Parmesan-Käse

1. Vom Spargel das untere Drittel schälen, die Enden abschneiden. Spargel abspülen, abtropfen lassen und in etwa 3 cm große Stücke schneiden.

2. Wasser zugedeckt in einem großen Topf zum Kochen bringen. Dann Salz und Nudeln zugeben. Die Nudeln im geöffneten Topf bei mittlerer Hitze nach Packungsanleitung kochen lassen, dabei gelegentlich umrühren.

3. Anschließend die Nudeln in ein Sieb geben, mit heißem Wasser abspülen und abtropfen lassen. Nudeln warm stellen.

4. Zwiebel und Knoblauch abziehen und in feine Würfel schneiden. Olivenöl in einer großen Pfanne erhitzen. Knoblauch- und Zwiebelwürfel darin glasig dünsten. Spargel hinzufügen und unter Rühren etwa 3 Minuten mitbraten.

5. Tomaten etwas abtropfen lassen und in Streifen schneiden. Tomatenstreifen zusammen mit den Pinienkernen unter die Spargelstücke rühren. Basilikum abspülen und trockentupfen. Die Blättchen von den Stängeln zupfen. Blättchen fein hacken und unterrühren. Spargelgemüse mit Salz und Pfeffer würzen.

6. Die Nudeln auf Tellern anrichten. Spargelgemüse darauf verteilen und mit Parmesan bestreut sofort servieren.

Tipp:
Zusätzlich können Sie noch 2–3 hart gekochte, in Würfel geschnittene Eier unter das Spargelgemüse geben.

Grüner Spargel im Yufkateig

Raffiniert

4 Portionen

Zubereitungszeit: 40 Minuten

Pro Portion: E: 20 g, F: 34 g, Kh: 40 g, kJ: 2279, kcal: 546

Tipp:
Sie können die Rollen auch im Backofen fertig backen. Dann die Teigrollen auf ein Backblech legen, mit 100 g zerlassener Butter bestreichen und bei Ober-/Unterhitze etwa 200 °C (vorgeheizt), Heißluft etwa 180 °C (vorgeheizt), in etwa 20 Minuten goldbraun backen.

Zutaten:

600 g	grüner Spargel

Für die Füllung:

1 Bund	Frühlingszwiebeln
125 g	Ziegenfrischkäse
100 g	Schinkenwürfel
100 g	Sonnenblumenkerne, mit Honig geröstet
	Salz
	frisch gemahlener Pfeffer

Zum Bestreichen:

1	Ei
24	dreieckförmige Yufka-Teigblätter

Zum Ausbacken:

1 l	Speiseöl

1. Vom Spargel das untere Drittel schälen und die unteren Enden abschneiden. Spargel abspülen, abtropfen lassen und in etwa 8 cm lange Stücke schneiden.

2. Für die Füllung Frühlingszwiebeln putzen, waschen, abtropfen lassen und in feine Ringe schneiden. Frühlingszwiebelringe mit Ziegenfrischkäse, Schinkenwürfeln und Sonnenblumenkernen mischen, mit Salz und Pfeffer würzen.

3. Zum Bestreichen das Ei verschlagen. Die Teigblätter auf einer Arbeitsfläche ausbreiten, mit Wasser bestreichen, je 2 Blätter aufeinander legen. Die Teigränder mit Ei bestreichen, jeweils 1 Esslöffel von der Füllung auf das breite Teigdrittel geben und je 2–3 Spargelstücke darauf legen. Die Längsseiten der Blätter etwa 2 cm breit über die Füllung klappen. Die Blätter von der breiten Seite her aufrollen, evtl. mit einem Holzstäbchen feststecken (ergibt 12 Rollen).

4. Speiseöl in einer Fritteuse oder einem hohen Topf auf etwa 180 °C erhitzen. Teigrollen in dem Öl portionsweise unter gelegentlichem Wenden in etwa 5 Minuten goldbraun backen. Rollen mit einer Schaumkelle herausheben, kurz auf einem mit Küchenpapier belegten Kuchenrost abtropfen lassen und sofort servieren.

Hähnchentopf mit Spargel

Mit Alkohol

4 Portionen

Zubereitungszeit: 45 Minuten
Garzeit: etwa 40 Minuten

Pro Portion: E: 53 g, F: 12 g, Kh: 16 g, kJ: 1794, kcal: 408

Tipp:
Servieren Sie Weißbrot mit Kräuterbutter bestrichen dazu.

Zutaten:

375 g	Hähnchenbrustfilet
2	Hähnchenkeulen (etwa 500 g, ohne Haut und Knochen)
2	dicke Möhren (etwa 200 g)
250 g	fest kochende Kartoffeln
1	Kohlrabi (etwa 400 g)
1 Bund	Frühlingszwiebeln
300 g	grüner Spargel
2 EL	Speiseöl, z.B. Rapsöl
	Salz
	frisch gemahlener Pfeffer
etwa 30 g	Tomatenmark
300 ml	Hühnerbrühe
100 ml	trockener Weißwein
einige	Kerbelstängel zum Garnieren

1. Hähnchenbrustfilet und Hähnchenkeulen unter fließendem kalten Wasser abspülen und trockentupfen. Filet in mundgerechte Stücke schneiden. Das Fleisch von den Knochen lösen und ebenfalls in mundgerechte Stücke schneiden.

2. Möhren putzen. Kartoffeln, Kohlrabi und Möhren schälen, abspülen, abtropfen lassen, zuerst in Scheiben, dann in etwa gleich große Stifte schneiden. Frühlingszwiebeln putzen, waschen, abtropfen lassen und in etwa 3 cm lange Stücke schneiden.

3. Vom Spargel das untere Drittel schälen und die Enden abschneiden. Spargel abspülen, abtropfen lassen und in etwa 3 cm lange Stücke schneiden.

4. Speiseöl in einem Bräter erhitzen. Hähnchenfleischstücke von allen Seiten darin anbraten, mit Salz und Pfeffer bestreuen. Kohlrabi-, Möhren- und Kartoffelstifte hinzugeben und mit andünsten. Tomatenmark unterrühren. Die Hälfte der Brühe hinzugießen. Die Zutaten zum Kochen bringen und etwa 20 Minuten köcheln lassen.

5. Restliche Brühe und Wein hinzugießen, zum Kochen bringen und zugedeckt bei schwacher Hitze noch etwa 10 Minuten garen.

6. Spargel- und Frühlingszwiebelstücke zum Hähnchenfleischtopf geben, mit Salz und Pfeffer würzen. Den Hähnchenfleischtopf wieder zum Kochen bringen und weitere etwa 10 Minuten köcheln lassen.

7. Kerbel abspülen und trockentupfen. Die Blättchen von den Stängeln zupfen. Den Hähnchenfleischtopf mit Salz und Pfeffer abschmecken und mit den Kerbelblättchen bestreut servieren.

Inhalt

Kapitelregister

Suppen & Salate ... 8
Spargelcremesuppe ... 10
Spargeleintopf ... 12
Grüne Spargelschaumsuppe ... 14
Schaumsüppchen mit Kräutern ... 14
Spargelbrühe mit Erbsen ... 16
Spargel-Reis-Suppe ... 16
Senner Spargelsuppe ... 18
Spargel-Kerbel-Suppe ... 18
Kalte Spargel-Melonen-Suppe mit weißem Portwein ... 20
Schnelles Spargelsüppchen ... 20
Bunte Spargelcremesuppe ... 22
Rucola-Spargel-Salat mit Croûtons ... 24
Spargel-Kartoffel-Salat ... 24
Spargelsalat mit Garnelen ... 26
Spargelsalat von grünem und weißem Spargel ... 28
Bamberger Spargelsalat ... 30
Lauwarmer Spargelsalat ... 30
Spargel-Grapefruit-Salat mit Garnelenspießen ... 32

Snacks & Kleinigkeiten ... 34
Spargel mit dreierlei Saucen ... 36
Spargeltoast im Eiermantel ... 38
Spargel-Schinken-Röllchen ... 38
Gebratener Spargel ... 40
Gebratener weißer Spargel mit Petersilie und Mandeln ... 40
Spargel-Kalbfleisch-Röllchen ... 42
Gemüse-Spargel-Gulasch in Zitronensahne ... 44
Spargel-Blätterteig-Minimuffins ... 46
Roh gebratener Spargel mit Möhren ... 48
Spargel venezianisch ... 48
Spargel mit Käsesauce ... 50
Spargelsauce mit grünem Spargel ... 52
Räucherlachs mit Spargelspitzen ... 52
Garnelen und grüner Spargel in Nussbutter ... 54
Spargel-Schinken-Omelett ... 56
Spargel mit Parmesan-Käse ... 56

Hauptgerichte ... 58
Lauwarmer Tafelspitz mit Spargelvinaigrette ... 60
Reisauflauf mit Spargel ... 62
Versunkener Spargel ... 64
Spargelgratin ... 64
Spargelrisotto ... 66
Spargelrisotto Milano ... 66
Tortilla vom Blech mit Spargel ... 68
Lachs mit Spargelkruste ... 70
Gratinierter Lachs auf buntem Spargel ... 70
Spargelragout ... 72
Knoblauch-Spätzle mit grünem Spargel ... 74
Spargel-Quiche mit Parmaschinken ... 76
Spargelcrespelle mit Ricotta ... 78
Grüner Spargel mit gebratenem Hähnchen ... 80
Gebackener Spargel mit Mojo Verde ... 82
Spargelpfanne ... 84
Gedämpfte Fischröllchen auf Thaispargel ... 86
Spargelgemüse mit Tagliatelle ... 88
Grüner Spargel im Yufkateig ... 90
Hähnchentopf mit Spargel ... 92

Alphabetisches Register

B

Bamberger Spargelsalat 30
Bunte Spargelcremesuppe 22

F

Fischröllchen auf Thaispargel, gedämpfte 86

G

Garnelen und grüner Spargel in Nussbutter 54
Gebackener Spargel mit Mojo Verde 82
Gebratener Spargel 40
Gebratener weißer Spargel mit Petersilie und Mandeln 40
Gedämpfte Fischröllchen auf Thaispargel 86
Gemüse-Spargel-Gulasch in Zitronensahne 44
Gratinierter Lachs auf buntem Spargel 70
Grüner Spargel im Yufkateig 90
Grüner Spargel mit gebratenem Hähnchen 80
Grüne Spargelschaumsuppe 14

H

Hähnchentopf mit Spargel 92

K

Kalte Spargel-Melonen-Suppe mit weißem Portwein 20
Knoblauch-Spätzle mit grünem Spargel 74

L

Lachs auf buntem Spargel, gratinierter 70
Lachs mit Spargelkruste 70
Lauwarmer Spargelsalat 30
Lauwarmer Tafelspitz mit Spargelvinaigrette 60

R

Räucherlachs mit Spargelspitzen 52
Reisauflauf mit Spargel 62
Roh gebratener Spargel mit Möhren 48
Rucola-Spargel-Salat mit Croûtons 24

S

Schaumsüppchen mit Kräutern 14
Schnelles Spargelsüppchen 20
Senner Spargelsuppe 18
Spargel-Blätterteig-Minimuffins 46
Spargelbrühe mit Erbsen 16
Spargelcremesuppe 10
Spargelcremesuppe, bunte 22
Spargelcrespelle mit Ricotta 78
Spargeleintopf 12
Spargel, gebratener 40
Spargelgemüse mit Tagliatelle 88
Spargel-Grapefruit-Salat mit Garnelenspießen 32
Spargelgratin 64
Spargel im Yufkateig, grüner 90
Spargel-Kalbfleisch-Röllchen 42
Spargel-Kartoffel-Salat 24
Spargel-Kerbel-Suppe 18
Spargel-Melonen-Suppe mit weißem Portwein, kalte 20
Spargel mit dreierlei Saucen 36
Spargel mit gebratenem Hähnchen, grüner 80
Spargel mit Käsesauce 50
Spargel mit Möhren, roh gebratener 48
Spargel mit Mojo Verde, gebackener 82
Spargel mit Parmesan-Käse 56
Spargel mit Petersilie und Mandeln, gebratener weißer 40
Spargelsalat, Bamberger 30
Spargelsalat, lauwarmer 30
Spargelschaumsuppe, grüne 14
Spargelsüppchen, schnelles 20
Spargelsuppe, Senner 18
Spargelpfanne 84
Spargel-Quiche mit Parmaschinken 76
Spargelragout 72
Spargel-Reis-Suppe 16
Spargelrisotto 66
Spargelrisotto Milano 66
Spargelsalat mit Garnelen 26
Spargelsalat von grünem und weißem Spargel 28
Spargelsauce mit grünem Spargel 52
Spargel-Schinken-Omelett 56
Spargel-Schinken-Röllchen 38
Spargeltoast im Eiermantel 38
Spargel venezianisch 48
Spargel, versunkener 64

T

Tafelspitz mit Spargelvinaigrette, lauwarmer 60
Tortilla vom Blech mit Spargel 68

V

Versunkener Spargel 64

Umwelthinweis Dieses Buch und der Einband wurden auf chlorfrei gebleichtem Papier gedruckt. Die Einschrumpffolie – zum Schutz vor Verschmutzung – ist aus umweltfreundlichem und recyclingfähigem PE-Material.

Wenn Sie Anregungen, Vorschläge oder Fragen zu unseren Büchern haben, rufen Sie uns unter folgender Nummer an 0521 155-2580 oder 5206 45 oder schreiben Sie uns:
Dr. Oetker Verlag KG, Am Bach 11, 33602 Bielefeld
oder besuchen Sie uns im Internet unter www.oetker.de.

Redaktion Andrea Gloß

Titelfoto Thomas Diercks, Fotostudio Diercks, Hamburg
Innenfotos Fotostudio Diercks, Hamburg (S. 13, 15, 19, 25, 29, 34, 41, 43, 49, 55, 58, 65, 67, 69, 71, 73, 81, 85–91)
Walter Cimbal, Hamburg (S. 47)
Ulli Hartmann, Halle/Westf. (S. 6, 39, 45, 57, 93)
Bernd Lippert (S. 23, 27)
Antje Plewinski, Berlin (S. 4, 6, 7, 8, 11, 17, 21, 33, 37, 61, 77, 79, 83)
Hans-Joachim Schmidt, Hamburg (S. 53, 75)
Axel Struwe, Bielefeld (S. 63)
Brigitte Wegner (S. 31)

Foodstyling Anke Rabeler, Berlin

Rezeptentwicklung und -beratung Rocco Dressel, Hamburg
Mechthild Plogmaker, Dr. Oetker Versuchsküche, Bielefeld

Nährwertberechnungen Nutri Service, Hennef

Grafisches Konzept kontur:design, Bielefeld
Gestaltung kontur:design, Bielefeld
Titelgestaltung kontur:design, Bielefeld

Satz JUNFERMANN Druck & Service, Paderborn
Reproduktionen Meyle+Müller GmbH + Co. KG, Pforzheim
Druck und Bindung Mohn media Mohndruck GmbH, Güterloh

ISBN 978-3-7670-0807-6